THE 60-MINUTE LIMIT

60分鐘的界線

從地方法規《遊戲條例》揭開民主黑幕

山下洋平

楓書坊

＊文中人物的年齡與職稱皆為採訪當時的紀錄。

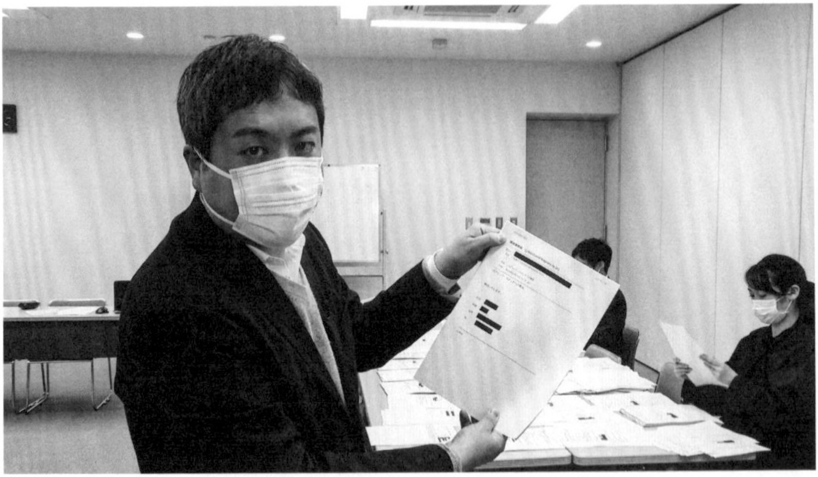

原始的公眾意見徵詢書資料所呈現的異樣（作者）

60分鐘的界線

從地方法規《遊戲條例》揭開民主黑幕

灌水的贊成意見

「八成以上贊成」的違和感

這次採訪的起因，源自於我心中強烈的不協調感。

２０２０年３月12日，我休假在家，轉著電視看傍晚新聞。地方電視台的主戰場是傍晚六點的新聞節目，即使休假，我也習慣瀏覽各家電視台的新聞內容和報導角度。那天，我注意到自家電視台播報的一則新聞。

預計下個月實施的「遊戲成癮對策條例」，為此所進行的意見徵詢其結果出爐：有超過八成表示「贊成」，但來自業界的意見卻幾乎都是「反對」。

香川縣議會為了制定全國首個防止孩童沉迷網路和遊戲的條例，於去年９月成立了由各黨派議員組成的條例研議委員會，開始進行討論。

該條例之所以受到關注是因為研議委員會在1月10日提出的條例草案中，加入了「未滿18歲者，每日使用智慧型手機等電子設備的時間上限為60分鐘」的規定。這則新聞在社群媒體迅速擴散，隨即引發「開時代倒車」、「政府不應干預家庭事務」等反對聲浪，在網路上引起軒然大波。根據《四國新聞》1月21日的報導，縣議會和縣政府在短短幾天內就收到超過200封的意見郵件。隨後，研議委員會將「使用智慧型手機等電子設備」改為「使用網路遊戲」，並在時間限制前加上「基準」一詞，針對縣民和業界展開意見徵詢。

我前面所提到的新聞就是報導縣議會公佈意見徵詢結果的內容。當天，研議委員會將香川縣議會事務局彙整的意見徵詢概要發給了委員和媒體記者。概要的封面有個意見提交者的人數統計表，內容顯示在個人、團體和業界提交的2千686份意見中，有2千268份表示「贊成」，比例高達84．5％。

首先，讓我感到驚訝的是收到的意見數量居然這麼多。所謂的「意見徵詢」是指國家或地方政府在制定法令、計畫等政策時，事先廣泛徵求民眾意見的程序。過去香川縣在辦理意見徵詢時，收到的意見都只有個位數，這次雖然因為「時間限制」而備受關注，但數量卻是過去的數十倍，甚至數百倍。更重要的是，草案居然獲得超過八成民眾的贊成，這與我在社群媒體上看到的可說是完全相反。

當天晚上，我在自己的推特上轉發了自家電視台的新聞連結，並寫道：

> 雖然我們電視台的新聞只是淡淡帶過，但我實在無法理解為什麼會有2千268人贊成、333人反對（註：數字僅為個人意見）……意見徵詢又不是贊成或反對的民意調查（也沒有設置這類選項），我想應該是看過內容後再進行分類的吧。雖然我不是負責的記者，但我會去申請資訊公開。

我任職的「KSB瀨戶內海放送」是一家以岡山縣和香川縣為播報對象的電視台，記者和主播加起來約有25名，每天負責採訪和報導這兩個縣的新聞。雖然每位記者都被分配到行政、警察、教育、經濟、體育等不同的「負責領域」，但由於人數不多，基本上什麼新聞都要跑。我於２００３年進入公司，先後在高松本社和岡山本社負責過警察、司法等領域的新聞，自２０１１年起擔任了7年的「編輯」，負責決定新聞題材、指示記者撰寫稿件，和審稿等工作，相當於新聞部部長的職位。但我一直很想再重回新聞現場工作，因此主動卸下管理職，回歸記者行列，以不受特定領域限制的「機動記者」

身分，從事日常的新聞採訪和紀錄片製作。

至於香川縣議會推動制定「網路・遊戲成癮對策條例（簡稱遊戲條例）」一事，當地報紙《四國新聞》持肯定態度，而《朝日新聞》等全國性報紙則從草案納入時間限制後，就開始以懷疑的角度進行大量的報導。這些報導雖然我都有關注，但由於當時正在製作其他的紀錄片，因此將採訪工作交給了負責香川縣政的記者。

就在這時候，我看到了「意見徵詢有超過八成的民眾贊成」的新聞。我對議會的說法感到相當懷疑，於是在第二天早上親自前往議會事務局申請公開「原始資料」，想確認究竟是哪些人、基於什麼樣的理由贊成條例草案（因為研議委員會只公佈了意見概要，以及議會事務局分類的贊成和反對意見數量）。

公開的原始資料竟然是……

5天後的3月18日，也是香川縣議會在2月定期大會的最後一天，議員提交了「網路・遊戲成癮對策條例案」。儘管部分議員要求公開公眾意見徵詢書的詳細內容，並呼籲審慎審議，但條例案最終還是在多數贊成的情況下通過。

根據資訊公開條例的規定，香川縣議會必須在收到資訊公開申請書後的15天內決定是否要公開資訊，但議會事務局卻以特例為由通知我「將予以延期」。理由是「資訊公開申請所涉及的公文數量龐大，且包含許多非公開的資訊，因此需要審慎審查」。

新的年度開始了，由於新冠肺炎的確診人數持續增加，首相安倍晉三於4月7日首次對7個都府縣發布「緊急事態宣言」。雖然當時香川縣的確診人數還很少，但地方新聞也開始被疫情等的相關新聞所佔據。4月13日，我接到議會事務局打來的電話，距離我提出資訊公開申請剛好過了一個月。

很抱歉讓您久等了，您申請的文件副本已經準備好了。

我看了一下手錶，下午3點。「真是個糟糕的時間點……」我不禁心想。因為晚間新聞是從下午6點15分開始播報的，如果想要在今天報導這件事，就必須先去議會領取文件，再分析內容、拍攝、撰稿、剪輯等，時間非常緊迫。「先看一下內容再做決定。」我向編輯說明後，便前往縣議會大樓2樓的議會事務局。我在接待室裡收到了兩個裝滿文件的紙箱，沉甸甸的，總共有4千186張A4紙。這些是縣民和業界以郵寄或電子郵件發送的意見徵詢「原本」，經事務局人員塗黑個資後影印而成的。回到公司後，我找來負責縣政的記者和4月剛進公司、還在實習的新人主播，一起把紙箱搬到會議室。決定先把贊成和反對的意見分開，再分析贊成意見的內容。

我們很快就發現了其中的「異樣之處」。

我贊成意見徵詢中的意見。

在寄到縣議會的電子郵件中，接在這隻言片語後面的是姓名、年齡、地址、電話等的資訊，每一項都佔據一行，且行距完全相同。除了發送的時間外，其他部分看起來都像是複製貼上的。我們數了一下，總共有49封。發送的時間從2月1日上午11點20分到12點24分，幾乎是每分鐘發送一封。此外，還有很多類似的簡短文字，像是「我支持」、「我贊成」……等等。

不久後，大家開始你一言我一語地說：

啊，又是「光明的未來」。

這裡也有「缺乏判斷力的成人」。

原來，在贊成的意見中有許多「特殊用語」重複出現。於是我們決定將相同的意見分類以計算數量。

我認為網路．遊戲成癮對策條例的通過有助於提升全民意識，因此表示贊同。**176件**

我期待條例通過後能帶來光明的未來，因此表示贊成。**142件**

網路和遊戲對兒童的影響甚鉅，因此表示贊同。**137件**

為了避免遊戲成癮導致缺乏判斷力的成人，因此表示贊同。**128件**

光是數量最多的前四種，每種都超過120件。有些差異雖然十分細微，像是結尾的「表示贊同」變成「表示贊成」，但「影響甚鉅」或「缺乏判斷力」等用語實在太過「特殊」了，很難讓人相信只是湊巧的重複。

晚間新聞的時間就快到了。雖然沒有時間仔細分析所有的原始資料，但光是這些內容就很有報導價值了。於是我請同事拍攝我們正在進行分類時的畫面，並由我拿著紙張進行報導。

目前，我們正在對收到的意見進行分類，發現以電子郵件寄送的贊成意見中，出現了幾種固定模式，且數量相當多。例如：我期待條例通過後能帶來光明的未來，因此表示贊成、表示贊同。等等，有許多意見的內容都只有一行，而且幾乎一模一樣。

我們將這段3分鐘左右的報導剪輯後，以「快報」的形式在晚間新聞中播出。此外，我們也在公司網站和Yahoo新聞等外部平台上發布了題為「遊戲條例意見徵詢『原始資料』大公開！贊成的佔多數，其中有多種『完全相同的內容』」的新聞和影片。這則新聞不僅被Yahoo新聞編輯部選為「熱門話題」顯示在首頁，也在推特等社群媒體上引發熱烈討論，成為轟動一時的獨家。

從一開始看到「超過八成的民眾贊成」的新聞時，我就隱約感覺這可能是想推動條例的人以某種方式進行的意見整合，雖然不能說這是「灌水」，但這樣說或許比較容易理解。此外，也有議員在表決後表示「大部分贊成意見的格式都一樣」。也就是說，我的猜測並非空穴來風。然而，當我真的親眼看到眼前這堆疊成山的紙張時，還是忍不住感嘆：「這到底是什麼東西啊……」同時，也意識到，在縣民甚至是參與研議委員會的議員都不知道的情況下，這樣的徵詢結果就被拿來表決，最後還通過了。沒錯，這個條例已經開始實施了。

在直播節目中公開「反省」

我們繼續深入分析意見徵詢的原始資料，發現這些內容相似的贊成意見幾乎都是透過縣議會網站上的「意見信箱」寄送的。這個信箱不僅可以讓人在短時間內連續發送多封意見，也無法得知發送者的電子郵件地址。此外，我們還發現約有20件將「依存症」誤寫成「依存層」。高度懷疑這些意見是從同一台電腦連續發送的。在4月16日的晚間新聞中，我以解說的方式用約9分鐘的時間詳細報導這些新發現。我在節目中說道：

我認為這次最大的問題在於，意見徵詢並不是在詢問民眾是贊成或反對，但卻被統計成贊成和反對的數量並對外公佈。包括我們電視台在內的許多媒體，也因為受到這個數字的影響，在3月12日的報導中使用了「超過八成縣民表示贊成」的標題，這一點我們必須深刻反省。

媒體針對自己的報導方式公開表示「反省」，在業界是相當罕見的，因此也讓許多同行感到驚訝。但我認為這件事不能含糊帶過，我並不是要責怪當天採訪和撰寫稿件的後輩記者。如果是我負責採訪條例研議委員會，老實說，我也不確定自己能在當天的新聞中反映出多少「違和感」。儘管如此，我還是在直播節目中明確表示「必須深刻反省」，是為了向自己表明我將會徹底追查這個條例的制定過程。

有人可能會覺得現在才對已經成立的條例說三道四，根本是「馬後炮」。的確，如果能在條例制定前就投入更多的心力報導問題所在，或許就能阻止悲劇發生，我對此感到相當遺憾。但是，條例已經成立並不代表我們就不需要再去追究。我到現在仍然清楚記得《朝日新聞》高松支局記者尾崎希海在縣議會表決隔天（2020年3月19日）的晨報上，發表了一篇署名文章。尾崎記者在文中批評研議委員會部分會議不公開，也沒有製作會議記錄等問題，並寫道：

我們不能對這個制定過程視而不見。如果不正視問題，未來只會不斷上演多數議員為所欲為制定條例的戲碼。

於是，我對「網路・遊戲成癮對策條例」的採訪，就這樣「姍姍來遲地」展開了。我在意見徵詢原始資料公開約兩個月後（2020年6月）製作並播出了長達1小時的特別節目《遊戲條例檢證》，並在條例實施兩年後（2022年5月）製作了續集《遊戲條例檢證2》。

隨著網路新聞成為主流，報紙和電視媒體對「即時性」的要求也越來越高。無論是資訊傳播者還是接收者，都習慣對接踵而來的重大新聞做出反射性的反應，然後迅速遺忘。新聞熱度一過，就很少有人會去關心後續發展。我在節目的標語中融入了這樣的反思：「條例通過，並不代表結束。」

這有科學根據嗎？

如前所述，我一開始關注的是遊戲條例制定過程的不透明。隨著採訪的深入，我發現另一個更大的問題，那就是條例缺乏「科學根據」。這一點，也與日本在同一時期遭遇的世紀大流行——新冠疫情——的政府應對措施如出一轍。

2020年2月27日傍晚6點左右，我正在東京出差，參加集團電視台的紀錄片製作會議，這時，我看到智慧型手機跳出的新聞快訊簡直不敢相信自己的眼睛。

安倍首相要求全國中小學停課。

雙薪家庭要由誰來照顧小孩？即將到來的畢業典禮怎麼辦？身為三個孩子的父親，而且又是雙薪家庭，我對政府突如其來的決定感到震驚不已。當時，我們公司所在的岡山縣和香川縣都還沒有出現確診病例。雖然全國新聞每天都在報導橫濱港郵輪群聚感染和北海道確診人數激增的消息，但新冠疫情對我們來說還只是一個遙遠的事件，直到這一刻才真正成為「切身之痛」。

在首相的要求下，許多學校被迫提前結束僅存不多的校園生活，並緊急舉辦了歡送會。還有一些店家為了幫助那些因為長期停課而為孩子午餐傷透腦筋的家長，開始免費提供讚岐烏龍麵。我當時採訪了這些學校和店家，但我心中始終有一個疑問：「為什麼疫情還沒有擴散到中小學，卻要讓這些學校停課？」、「為什麼不考慮各地的疫情狀況，而要全國一律停課呢？」對於這些問題，無論是配合要求的地方政府，還是中央政府都沒有給我令人滿意的答覆。

我認為，這一點與香川縣議會在條例草案中規定的「每日使用遊戲時間不得超過60分鐘」有著相同的「根源」。限制遊戲時間真的能有效防止遊戲成癮嗎？60分鐘這個數字又是怎麼來的？這些都是縣民和遊戲業界在意見徵詢中所提出的疑問。

「遊戲一天只能玩１小時」，對現在已經40多歲、正好屬於「紅白機世代」的我來說，是一句耳熟能詳的話。這句話的推廣者是１９８０年代紅極一時的電玩名人高橋名人（本名高橋利幸）。他當時是遊戲公司Hudson的員工，經常在活動和媒體上表演「16連射」，深受孩子們的喜愛。

現在以遊戲主持人的身分活躍於業界的高橋名人，在香川縣的條例草案受到全國關注的２０２０年１月，於個人部落格《16連射的隨筆》中發表了題為「關於１小時限制的感想」的文章。根據文章內容，當時遊戲中心非常流行，但卻被視為是不良少年的聚集地，於是有廠商推出了紅白機等家用遊戲機。高橋名人認為，如果沒有任何限制，家長可能會開始禁止孩子玩遊戲，因此才會在活動中喊出「遊戲一天只能玩1小時」的口號。

至於為什麼是「1小時」？老實說，這只是我當時靈光一閃想出來的說法，完全沒有任何根據。

對於香川縣的條例草案，高橋名人表示：「我認為這只是禮儀和規範，應該由個人自律，而不是由國家或縣政府制定條例或法律來限制。」

遏止新冠疫情擴散、防止網路和遊戲成癮，即使是這樣冠冕堂皇的理由，也不代表政府就可以為所欲為地制定任何政策，尤其是那些限制國民和縣民行動自由的政策。

時值每日新聞以「公文危機」為題進行連載報導，揭露安倍政府在森友學園、加計學園和「賞櫻會」等事件中輕視公文處理的態度。報導中更指出，在決定新冠肺炎應對措施的政府聯絡會議上，包括首相在內的政府高官的發言竟然完全沒有記錄在案。這種做法不僅導致缺乏科學根據的政策在沒有任何說明的情況下被執行，也讓後續的追究無從查起，可以說是「民主主義的危機」。而香川縣在制定遊戲條例的過程中，也出現了與政府如出一轍的態度。

這本書記錄了地方電視台記者歷時約三年，針對地方議會通過的一項條例進行採訪和調查的過程。這絕對不僅僅是「地方新聞」。國家層面的問題和社會弊病往往會先在地方浮現。而地方記者憑藉著長期深耕地方的優勢，能敏銳地察覺出這些問題，並透過長時間的採訪深入挖掘，我認為這就是地方記者的使命。

第1章

全國首例條例的誕生

積極推動的縣議員與報社

為什麼全國第一個「網路・遊戲成癮對策條例」會在香川縣誕生？

香川縣是日本47個都道府縣中面積最小的縣，截至2020年4月1日，人口約有95萬人。香川縣以讚岐烏龍麵聞名，但也因此被認為缺乏其他特色。2011年，香川縣政府以「將改名為『烏龍麵縣』」為口號，推出了一系列宣傳活動，成功地引發話題。此外，自2010年起，香川縣每三年就會舉辦一次以瀨戶內海島嶼為舞台的現代藝術盛會「瀨戶內國際藝術祭」，吸引了國內外眾多的藝術愛好者，成功地將香川縣打造成「藝術縣」。然而，香川縣的網路和遊戲產業，以及網路和遊戲的使用情況，在全國範圍內並不出眾，也沒有客觀的數據可供佐證。當「遊戲條例」成為全國性話題後，許多香川縣民都感到十分困惑，紛紛表示：「為什麼是我們縣？」

香川縣議會最早出現制定條例的動向，是在2019年3月成立了「網路‧遊戲成癮對策議員聯盟」。這個跨黨派議員聯盟由縣議會41名議員組成，發起人包括最大黨派——自民黨香川縣政會的大山一郎議員、自由香川的高田良德議員、另一個自民黨派系——自民黨議員會的谷久浩一議員，以及公明黨議員會的都築信行議員。在3月8日舉行的成立大會上，議員聯盟通過了「規約」，明定其宗旨為「為了防止本縣兒童因長時間使用網路和遊戲而導致身心、家庭和社會問題，以及網路‧遊戲成癮，將致力於推動必要的對策，以促進兒童的健全發展」。為了達成上述宗旨，議員聯盟將推動以下事業：調查研究網路‧遊戲成癮的早期發現、早期應對和預防措施，並提出建議和要求；以及其他有助於達成議員聯盟宗旨的事項。

隔天，也就是3月9日，當地報紙《四國新聞》以頭版頭條報導了議員聯盟成立大會的消息，標題是「目標制定議員提案條例」。值得注意的是，「條例」一詞並未出現在議員聯盟的規約中，但卻被《四國新聞》大肆報導了。報導中提到，議員聯盟「最終目標是制定議員提案條例。如果能制定專門針對遊戲成癮的條例，將會是全國首例」，並在第二社會版（6版）刊登了議員聯盟會長大山議員的專訪。

——目前全國還沒有專門針對遊戲成癮的條例，請問您想制定條例的意圖是什麼？

大山：實際上，國家在遊戲成癮對策方面的立法工作進展緩慢。我們希望率先在香川縣推動保護兒童的措施，並向國家提出立法等方面的要求。

大山議員和《四國新聞》是探討為什麼香川縣會誕生全國首例遊戲條例時不可或缺的兩個關鍵詞。

大山議員曾擔任國會議員秘書等職務，並在2003年、43歲時，首次當選香川縣議員。他曾在自民黨香川縣支部聯合會擔任青年局長（2004～2006）和幹事長代理（2017年起），同時也是「日本會議」國會議員懇談會的成員。他在自己的官方網站上，將「與『空氣』戰鬥」列為自己的理念。他主張，在「公共事業＝浪費」的「空氣」下，防災預算遭到刪減，並指出「我們必須與國家債務問題、歷史認知問題、能源（核能）政策、教育政策、少子化對策等錯誤的『空氣』戰鬥」。

大山議員在縣議會上積極討論的議題之一，就是「網路．遊戲成癮」問題。根據香川縣議會會議記錄檢索系統的資料，大山議員最早在第一任期內（2006年2月定期大會）的一般質詢中，針對殺人、暴力等殘虐遊戲軟體的管制問題，引用了精神科醫師岡田尊司的著作《腦內污染》的內容，指出遊戲具有「毒品般的成癮性」。

岡田醫師斷言：「遊戲是傾注了最高智慧，為了讓人容易上癮而設計的合成毒品。」這句話的含義非常重大。因為，如果說「只要控制遊戲時間就好」，那就跟「只要是少量的，毒品也沒關係」是一樣的道理。

在6月定期大會的一般質詢中，大山議員進一步強調了網路．遊戲成癮的危險性。

我認為，我們必須盡快讓家長們瞭解，影像媒體和遊戲具有成癮性，可能會導致孩子們沉迷其中，無法正常上學，甚至可能引發難以想像的犯罪行為。

大山議員在質詢中列舉了多起兇殺案，並主張這些案件的加害者都有網路或遊戲成癮的傾向。他要求縣政府成立跨部門專案小組（同年6月議會）、積極宣導（同年9月議會）、考慮在縣立醫院設立遊戲和網路成癮的專科（2008年6月議會）等。

他甚至還曾語氣強硬地敦促縣政府採取措施，表示：「重點不是有沒有其他縣市的先例，而是我們應該為孩子們做些什麼。」大山議員的這種「問題意識」，最終促成了2019年議員聯盟和條例研議委員會的成立。

另一方面，以頭版頭條報導議員聯盟成立消息的《四國新聞》，在報導中使用了通常只會出現在長期連載企劃或專題報導中的標誌（logo）。

不能坐視不管的「遊戲成癮」

這是《四國新聞》從2019年1月開始推出的專題報導。在1月6日的頭版新聞中，《四國新聞》根據香川縣教育委員會在2017年度進行的智慧型手機和遊戲機等設備使用時間調查結果，指出「在縣內中小學生中，網路成癮和『遊戲障礙』的風險正在升高」，並宣佈將展開專題報導。

專家指出，成癮者大多是未成年人，他們的生活作息日夜顛倒，出現對家人施暴、成績下降等問題。此外，與毒品、酒精和賭博成癮者相比，遊戲成癮是最難治療的。為了促進青少年身心健全發展，本報將邀請專家發表意見，並介紹世界各國的現況，讓大家瞭解遊戲成癮的可怕之處，以及相關的預防措施。

從第二天開始，《四國新聞》便開始連載專家訪談等相關報導。不僅如此，《四國新聞》還製作了一部名為《保護孩子遠離遊戲成癮！》的宣導ＤＶＤ，並獲得香川縣政府和縣教育委員會的推薦。這部ＤＶＤ全長約30分鐘，邀請了日本首家網路成癮門診的創辦人——國立醫院機構久里濱醫療中心（神奈川縣橫須賀市）院長樋口進、人稱「尾木媽媽」的教育評論家尾木直樹，以及成功擺脫重度遊戲成癮的前患者現身說法，講述遊戲成癮的危害。據《四國新聞》表示，他們已經將這部ＤＶＤ和同年6月出版的報紙特刊《兒童新聞　遊戲成癮問題特輯》發送給縣內292所中小學和高中（ＤＶＤ也發送給縣內的托兒所和幼稚園）。

在此之前，《四國新聞》從２０１７年度開始，就一直在推動讚岐兒童生活改善計畫。該計畫根據縣政府和各市町教育委員會每年對小學四年級學生進行的血液檢查（兒童生活習慣病預防健診）結果，呼籲民眾改善兒童的飲食習慣和加強體能鍛鍊。

《四國新聞》將上述兩個計畫合併為「從兒童時期開始關注健康～血液異常與遊戲成癮對策～」專題報導，並以此獲得了２０１９年度的新聞協會獎（經營・業務部門）。新聞協會獎是由日本新聞協會自１９５７年度起，每年頒發給推動社會進步的獨家新聞等優秀新聞報導的獎項，被譽為日本新聞業界的最高榮譽。當年度共有96件作品入圍編輯部門、３件作品入圍技術部門，以及6件作品入圍經營・業務部門。《四國新聞》在創刊130週年之際，首次獲得新聞協會獎。順帶一提，從2020年度開始，技術部門的獎項名稱改為「新聞技術獎」，經營．業務部門的獎項改為「新聞經營獎」，與「協會獎」分開來評選。

10月16日於宮崎市舉行的頒獎典禮的新聞中，《四國新聞》指出，獲獎理由是——該專題以多層次的內容深入教育現場，在家庭和親子之間引發巨大迴響，並取得了具體成果，例如：改善兒童血液檢查結果，以及促使縣議會推動制定全國首例的遊戲成癮防治條例。值得注意的是，「促使縣議會推動制定條例」是獲獎的主要原因之一。

在網路．遊戲成癮對策議員聯盟成立後約一個月，於2019年4月7日舉行的香川縣議會選舉，大山議員在高松市選區以高票當選連任（第五任）；隨後於4月30日就任第91屆香川縣議會議長。《四國新聞》在6月5日的人物專欄「面孔」中介紹了大山議長，他表示將致力於打造一個能夠制定政策和提出建議的議會，並對遊戲成癮對策充滿信心，認為社會各界已經開始關注這個問題了。

長期以來，大山議長對於遊戲成癮問題一直很積極。如今，由全體議員組成的議員聯盟已經成立，擁有縣內六成市佔率的《四國新聞》也以專題報導的方式推波助瀾。另外，還有一個促使各界開始關注的重要因素——WHO的行動。

不制定沒有約束力的條例

2019年9月19日，香川縣議會成立的「網路・遊戲成癮對策條例研議委員會」召開了第一次會議。這意味著，同年3月成立、由全體議員組成的議員聯盟，正式朝向制定條例的目標邁進。委員會由議長、副議長，以及縣議會五個黨團推薦的議員組成，共計11人，由議員聯盟會長大山議長擔任委員長，副委員長則由西川昭吾副議長擔任。

委員會也公佈了條例研議時程表，預計在隔年2月前召開6次會議，並在2月的大會上提案，希望能在當天通過，於4月1日開始實施。此外，委員會也計畫邀請醫療專家和縣內相關人士，並針對條例草案公開徵詢民眾的意見。

在第一次會議上，縣政府健康福祉部和教育委員會事務局的官員，針對網路・遊戲成癮的現況和對策進行了說明。在發放給委員的16頁資料中，第2頁上的醒目標題——WHO將「遊戲障礙」列為新型疾病，後來也被寫入條例的前言，成為條例具有正當性的主要依據。

時間回到四個月前的5月25日，WHO在瑞士日內瓦舉行的世界衛生大會上，通過了最新的國際疾病分類ICD-11。ICD是國際通用的死亡原因和疾病統計分類標準，供各國醫療人員和研究人員進行診斷和調查時使用。距離舊版ＩＣＤ－10的制定已經過了將近30年了。於２０２２年１月正式生效的ＩＣＤ－11新增了Gaming Disorder這個項目。截至２０２０年２月，這個疾病的正式日文譯名尚未確定，但大多被譯為「遊戲障礙」或是「遊戲症」。根據條例研議委員會發放的資料（引用自厚生勞動省的刊物《厚生勞動》２０１９年５月號），「遊戲障礙」的定義如下：

- 無法控制玩遊戲的行為。
- 將玩遊戲的優先順序置於其他日常活動之上。
- 即使已經出現問題，仍然繼續或加劇玩遊戲的行為。

如果上述症狀持續出現12個月以上，且已造成明顯的功能障礙，就會被診斷為「遊戲障礙」（如果症狀嚴重，即使持續時間較短也可能被確診）。

ＷＨＯ將遊戲障礙列入ＩＣＤ－11的決定，在日本也引起了軒然大波。以下列出幾家報紙（網路版）的標題：

- ＷＨＯ正式認定遊戲成癮是疾病　可望促進預防、治療和藥物開發——朝日新聞
- ＷＨＯ將「遊戲障礙」列為成癮症——每日新聞

・遊戲成癮是疾病　ＷＨＯ公佈最新的國際疾病分類——日本經濟新聞

一直在進行「不能坐視不管的『遊戲成癮』」專題報導的《四國新聞》，則是在頭版和第三版刊登了共同通信社提供的新聞稿和解說文章，並在第一社會版大篇幅報導了香川縣內醫療相關人士、行政機關、議會和學校的反應：

・遊戲障礙　被認定為成癮症　ＷＨＯ通過國際疾病分類
　預計２０２２年實施　可望促進治療
・世界各國紛紛出現案例　制定對策刻不容緩
　日本每7名中學生、高中生就有1人有成癮風險
・呼籲國家加快腳步制定對策　跨出重要一步／加強合作
　香川縣內相關機構積極營造有利氛圍

在香川縣議會條例研議委員會的第一次會議上，縣政府官員還介紹了厚生勞動省研究團隊在２０１８年8月公佈的調查結果：全國估計約有93萬名中學生和高中生有網路成癮的疑慮（約佔全體中學生和高中生的14%），制定網路・遊戲成癮的預防措施刻不容緩。

此外，官員也說明了縣教育委員會針對智慧型手機等設備的使用情況進行調查（對象：中小學生和高中，2017年度）和學習狀況調查（對象：中小學生，2018年度），結果顯示縣內中學生和高中生使用智慧型手機等設備的時間逐年增加。

縣政府官員也介紹了縣府為了解決遊戲成癮問題所做的努力，例如在2015年，由縣政府、各市町教育委員會和縣家長教師會聯合會共同制定了「讚岐兒童公約」，並發放給縣內所有的中學生、高中生和家長，呼籲大家重視家庭規則的制定。讚岐兒童公約包含三個主要內容：①遵守與家人約定的使用規則。②不做出傷害自己或他人的行為。③晚上9點以後停止使用。

會議結束後，大山委員長接受了媒體採訪。

> 遊戲成癮與賭博、酒精成癮一樣，都需要國家層級的立法來規範，但相關的討論卻遲遲沒有進展。我們這些在第一線工作的人，都能感受到網路．遊戲成癮的嚴重性，不能再坐等國家立法了。

大山委員長在3月接受《四國新聞》採訪時，也曾指出國家在立法方面的落後，並表示將會向國家提出要求。他認為，香川縣率先制定條例，可以促使國家加快立法腳步。

此外，大山委員長還強調：「我們不打算制定一個沒有約束力的條例。」

所謂的「理念條例」指的是像「乾杯條例」（鼓勵民眾在宴會等場合使用當地酒類進行乾杯的條例）那樣，目的主要在向民眾宣導行政機關所要推廣的理念；而「規制條例」則是會對民眾課予義務或限制其權利，例如：禁止在路上吸菸或亂丟垃圾，違者將處以罰款或罰鍰。

從第一次會議到「遊戲一天只能玩60分鐘」的時間限制引發全國性爭議，大約過了四個月。有些參與研議委員會的議員在接受採訪時表示，「時間限制的議題是突然冒出來的」。但至少從一開始，大山委員長就已經表明「只靠宣導是不夠的，必須要有某種形式的限制」。

第二次委員會議在10月17日舉行。會議邀請了兩位醫療專家——國立醫院機構久里濱醫療中心的樋口院長，以及大阪府枚方市的岡田診所院長岡田尊司，與委員們交換意見。樋口院長可說是日本網路‧遊戲成癮領域的先驅，岡田院長則是香川縣觀音寺市人，曾在條例研議委員會成立之前的6月，在議員聯盟舉辦的研討會中擔任講師。這兩位專家都曾在《四國新聞》的「不能坐視不管的『遊戲成癮』」專題報導中，以受訪者的身分登上頭版，樋口院長甚至還參與了前面提到的《四國新聞》製作的宣導DVD。

兩位專家分別介紹了網路成癮和遊戲障礙的危險性與實際情況，並針對條例的制定方向發表了意見。樋口院長主張，應該採取「全方位的對策」，包括進行現狀調查、提升縣民對此問題的意識、加強學校的預防教育，以及完善醫療體系等。針對中國和韓國政府實施的網路使用限制措施，樋口院長表示「需要驗證其有效性」，但他同時也建議，可以在條例中加入限制晚上10點以後使用網路和線上遊戲等的規定。

家長希望孩子們遵守時間，孩子們卻只想著玩遊戲。如果能在條例中明確規範未成年人的行為準則，就能讓各界在進行指導時有所依據。

岡田院長也指出，長時間使用網路和遊戲會增加成癮的風險，制定適合各年齡層的合理使用時間，可以讓學校和家庭在指導孩子時有明確的標準，更容易貫徹執行。

在聽取專家的意見後，在11月28日舉行的第三次會議上，委員會公佈了條例的骨架草案。草案將「基本理念」分為三部分：①妥善執行網路．遊戲成癮對策、②為成癮者提供協助、③縣政府、市町政府、學校、家長和成癮防治相關機構等各方密切合作。在「基本措施」方面，則列出九項措施，包括普及正確知識、建立醫療照護體系、強化諮詢輔導體系等。其中第八項措施就是「限制使用時間」。然而，在這個階段，這個條例還沒有引起全國的關注，甚至在香川縣內也沒什麼人關心。

引發軒然大波的一天60分鐘

在那份草案公佈之前，氣氛都還蠻平靜的。

回憶起當時情況的是「內容文化研究會」代表杉野直也（41歲）。內容文化研究會是一個致力於促進漫畫、動畫、遊戲等內容文化發展的民間團體，主要收集與「表達自由」相關的法案資訊，並對可能限制表達自由的法案發表意見。該會成立於2008年，過去曾針對「兒童色情禁止法」修正案和「東京都青少年健全育成條例」修正案等議題，向行政機關、政治人物遞交請願書，並舉辦集會表達訴求。

杉野直也是香川縣高松市人，曾在東京擔任遊戲軟體的開發總監。2011年東日本大地震後，由於許多企劃案都被迫中止，工作量大幅減少，再加上需要照顧祖父母等因素，杉野直也在33歲時決定回到家鄉。當他得知香川縣有意制定可能限制媒體和內容自由的條例時，便開始收集相關資訊。不過，他表示：「雖然《四國新聞》做了很多相關報導，但我印象中，這個議題一開始並沒有引起太多的關注。」

在２０１９年10月舉行的第二次委員會議結束後，杉野直也前往香川縣議會事務局索取資料。令他感到意外的是，事務局職員的態度非常親切，是他過去在東京都議會等地從未經歷過的。他和事務局職員有過這樣一段對話：

——你可能是第一個來這裡索取資料的市民。

嗯，我知道凡事過猶不及都……但有必要制定條例嗎？

——地方條例能做的事情有限，我們主要是希望國家能採取應對措施。

杉野直也感覺到氣氛開始轉變是在12月12日舉行的第四次委員會議上。當天的會議主題是「與縣內相關人士交換意見」，受邀出席的包括香川縣家長教師聯合會、縣小學校長會、縣中學校長會的會長、縣兒童女性諮詢中心主任、致力於成癮治療的高松市三光醫院院長，以及電信業者代表——ＮＴＴ四國分公司負責公關、經營企劃和法人業務的四名員工。由於遊戲業人士並未受到邀請，杉野直也認為與會者的組成有失偏頗，有必要詳細瞭解會議內容，便向議會事務局申請了旁聽或調閱會議記錄。然而，事務局卻以「不開放旁聽」和「沒有製作會議記錄」為由拒絕了他的請求。儘管杉野直也抗議「這樣一來，縣民就無從得知審議內容了」，但事務局仍堅持「沒有先例，所以無法照辦」，這讓他無計可施。

12月18日，也就是11月定期大會的最後一天，條例草案的審議工作也進入了最後階段。最大黨團自民黨香川縣政會和公明黨議員會，共同提交了一份意見書草案，要求國家慎重推廣「電子競技」，該草案最終獲得全體議員一致通過。議會事務局表示，這是日本全國各道府縣議會中第一個通過此類意見書的。

意見書指出：「過度使用遊戲和網路可能導致成癮，並引發睡眠障礙、繭居等其他問題。而強調競爭的電子競技，可能會加劇這些問題的發展」，因此要求國家對於電子競技的推廣必須慎重。

以遊戲競技為主的電子競技在世界各國蓬勃發展，日本在2018年度舉辦了第一屆全國高中電子競技錦標賽，共有153支隊伍參賽。2019年10月，國民體育大會更將全國都道府縣間的電子競技錦標賽列為文化活動。杉野直也對於意見書中「電子競技會加劇成癮和繭居問題」的因果關係感到懷疑，但當他向熟識的議員詢問時，卻沒有聽到任何關於議會內部出現反對或質疑的說法。

杉野直也表示，2020年1月10日是這個條例的「轉捩點」。在當天下午1點舉行的第五次委員會議上，委員會公佈了「網路・遊戲成癮對策條例（暫定名稱）」的草案。

草案總共20條，從第一條〈目的〉到第二十條〈實態調查〉，其中最受矚目的就是第十八條〈限制孩童使用智慧型手機等設備〉。

第18條　監護人在讓孩童使用智慧型手機等設備時，應考量孩童的年齡及各家庭的實際情況，並與孩童討論使用這些設備可能帶來的風險及過度使用的弊害，進而制定適當的使用規則，並適時進行調整與檢討。

2　監護人在根據前項規定制定使用規則時，應確保孩童的睡眠時間，並培養規律的生活習慣。為避免孩童陷入網路・遊戲成癮，應限制孩童每天使用智慧型手機等設備的時間上限為60分鐘（假日為90分鐘），並要求未達義務教育結束年齡的孩童在晚上9點前、其他在晚上10點前停止使用。

草案中原本只有「限制使用時間」的字樣，這次終於明確提出了具體的限制時間。草案第二條〈定義〉中，「孩童」指的是未滿18歲者，「智慧型手機等」指的是可透過網路查閱（含觀看）資訊之智慧型手機、個人電腦及電腦遊戲設備。也就是說，這項條例要求家長盡力讓未滿18歲的兒童，將每天使用智慧型手機和遊戲的時間控制在60分鐘以內（假期間為90分鐘），並在晚上9點前（高中生以上為10點前）停止使用。條例中並沒有罰則。

關於時間限制，《四國新聞》早在前一天（1月9日）的頭版就已經報導了。這是一種所謂的「預告式報導」，報導中使用了「據相關人士透露……」的說法。NHK則是在午間的地方新聞中，以「香川縣條例草案擬限制遊戲使用時間」為標題，跟進了這條消息，並在網路上發布新聞稿。這篇報導在9日至11日間，在社群網站上瘋狂轉發。許多擁有眾多粉絲的名人，例如：熟悉「表達自由」等議題的參議員山田太郎、腦科學家茂木健一郎，以及以「解謎創作者」聞名的松丸亮吾等人，都在推特上發表了相關看法，進一步炒熱這個話題。「遊戲禁止」一詞甚至登上推特的熱搜榜。

綜合推特上的反應和意見，可以歸納為以下三種類型：

- 侵犯兒童權利：例如：條例可以剝奪個人自由嗎？
- 行政干預家庭：例如：智慧型手機和遊戲的使用時間應該由家庭自行決定，而不是由行政機關指手畫腳。
- 缺乏科學根據：例如：限制時間就能預防成癮嗎？60分鐘、90分鐘的限制到底是根據什麼？

此外，也有許多人認為智慧型手機的用途不只是玩遊戲，也可以用來學習、不要把遊戲妖魔化、為什麼只限制兒童？如果要預防成癮，應該連酒和香菸一起管制。雖然草案中並沒有特別針對遊戲，而是限制智慧型手機等設備的使用時間，但在社群網站上，卻有許多人將其解讀為「遊戲管制」或「禁止遊戲」，這可能是因為NHK所發布的網路新聞其標題是「限制遊戲使用時間」，才讓許多人產生了這樣的誤解。

然而，在第五次委員會議上，儘管已經公佈了草案內容，但現場委員們卻沒有對時間限制提出任何像是推特上所出現的反對意見。

關於「一天60分鐘」的使用依據，委員會提供了一份2018年度香川縣學習狀況調查的圖表作為參考。圖表顯示「智慧型手機等設備的使用時間與平均答對率之間的關係」。根據圖表，如果每天使用智慧型手機等設備超過一小時，平均答對率就會呈現下降趨勢。關於夜間使用的部分，委員會則引用了香川縣針對小學生與中學生制定的「讚岐兒童公約」，以及岡山縣在2014年制定的「中、小學生智慧型手機使用規範」，兩者都要求學生在晚上9點前停止使用智慧型手機或遊戲機。

這次會議上，委員們針對條例是否具有「實效性」提出了質疑，並建議是否能將條例中「應努力為之」、「應遵守」等語氣較弱的詞彙，改成更為強烈的表達方式，以及是否應該加入關於線上遊戲「課金」的防治措施。最後，委員會決定參考這些意見對草案進行修改，並於1月中展開公開的意見徵詢。

杉野直也在委員會議結束後，立刻從議會事務局取得了草案副本，並在當天就決定將草案全文公開在研究會的網站上。這對他來說是個兩難的決定。因為研究會過去從未公開過所取得的資料，擔心這會影響到日後收集資訊的管道。

這樣做的話，議會一定會對我們失去信任，以後就不會再讓我們知道重要的事情了。但當我詢問議會事務局『你們會不會在網路上公開這份草案？』時，他們回答『不打算這麼做』。這樣一來，根本就沒有討論的空間了。

杉野直也將草案掃描成電子檔，並在部落格上寫下「希望藉此拋磚引玉」的文字後，將草案公開。結果，這篇文章在短短幾天內就累積了將近6萬次的瀏覽量，這是研究會網站從未有過的盛況。

杉野直也公開草案全文的舉動，也促使縣政府職員採取了「行動」。

縣政府職員實名發表意見

在草案公佈9天後的1月19日，一篇名為《身為香川縣政府職員的我對網路‧遊戲成癮對策條例草案的看法》的文章，出現在Facebook上，並引發熱議。這篇文章長達7千400多字，作者是任職於香川縣政府健康福祉部的田口隆介（29歲）。

我認為這份條例草案就是要管制網路和遊戲，委員會在沒有讓當事人，也就是兒童參與討論的情況下，片面推動條例的制定。這讓我感到非常不安，因此，我反對制定這項條例。

這篇文章並沒有設定成只限朋友觀看，而是任何人都可以看到。對於縣議會正在研議的條例草案，在職的縣政府職員卻實名表示「反對」，這是極為罕見的情況。

田口隆介是在1月10日，從大學社團學長的社群網站貼文中得知草案中加入限制使用智慧型手機等設備的條款。雖然他知道縣議會正在研議這項條例，但並沒有特別關注，因為他所屬的部門與網路‧遊戲成癮防治並沒有直接的關係，而他自己也沒有閱讀一直在宣導防治遊戲成癮的《四國新聞》的習慣。他想閱讀草案全文，但議會並沒有公開，也無法從縣政府內部取得。最後，他是在內容文化研究會的網站上找到草案全文的。

讀完後，我覺得這樣不行。公權力介入家庭決策，絕對是錯誤的。

他選擇在可以寫下比推特更多文字的Facebook上發表意見。雖然他也猶豫過是否要公開自己的姓名和所屬單位，但最後他認為「如果能以在職的縣政府職員身分，勇敢說出自己的想法，那應該更有說服力。而且，這並不是什麼見不得人的事情。」因此便決定公開自己的身分。

田口隆介在文章中指出了草案的四大問題：

①干預家庭決策、侵犯自我決定權
②限制網路使用時間不切實際
③與兒童權利公約相牴觸
④與各局處利用網路和遊戲進行宣傳推廣的策略相牴觸

針對①中「一天60分鐘」的時間限制，田口隆介認為問題的癥結並不在於時間的長短或時段，而是「在沒有經過親子間的主動協調和取得共識的情況下，就片面地將時間限制強加於孩子」。這等於剝奪了孩子們主動約定並遵守約定的機會，也侵犯了家長在家庭教育上的自主權和決定權。此外，草案中規定只有「可能導致兒童網路・遊戲成癮的」智慧型手機等設備才會受到限制，但並非專家的家長，很難事先判斷什麼樣的使用行為會導致成癮。

針對④中「與各局處利用網路和遊戲進行宣傳的策略相牴觸」的部分，田口隆介以強烈的語氣批評了香川縣過去在社群網站上所進行的觀光宣傳、與知名手遊《精靈寶可夢GO》合作的「呆呆獸縣」企劃，以及以遊戲方式鼓勵民眾健走的健康積分制度等措施。

> 限制網路和遊戲等於切斷了兒童獲取資訊的重要管道，這種做法不僅踐踏了各局處過去的努力，也讓他們的成果付諸流水，身為香川縣政府的一員，我絕對不能坐視不管。

田口隆介也在縣政府的內部網路上發表了同樣的文章，許多過去並不認識的同事，都留言表示贊同的看法。「沒想到，我的意見在縣政府內部也獲得許多支持。而且，我也沒有因此而受到任何不友善的對待。」田口隆介說。

草案修正「造成誤解」

1月20日，委員會召開了第六次會議。這次會議並不在預定的計畫中，而是為了10日要公佈的修正版草案才臨時召開的。會議通知上出現了過去從未出現過的公告事項：

① 條例草案修正內容說明（約30分鐘）結束後，各委員將進行閉門討論。

② 委員會的質詢結果將於下午三時三十分起，由大山委員長在第五委員會議室進行說明。

過去，所有媒體都可以自由旁聽和拍攝的委員會議，這次首度採取「部分閉門」的方式進行。據瞭解這是因為在草案公佈後，網路上出現許多批評聲浪，甚至有委員的住家遭到電話騷擾或惡意留言，在社群網站上也出現了針對委員的人身攻擊。因此，才會決定採取閉門會議的方式讓委員們可以自由表達意見。

在公開的部分，委員會首先發放了第五次委員會議上所公佈的草案（1月10日版）和這次修正版（1月20日版）的對照表，並由議會事務局的職員進行說明。

修改處有27處。除了根據上次委員們的建議，將許多條文中「應努力為之」的語氣，改為「應」外，也加入了線上遊戲「付費機制」的內容。例如，關於〈業者的責任〉的第11條第2款，就被修改成以下的內容：

1月10日版：

業者在經營活動時，應盡力進行自律規範，以避免提供可能嚴重刺激性慾、過度助長暴力傾向，或加深成癮風險等內容，導致孩童福祉受到侵害。（後略）

1月20日修正版：

業者在經營活動時，應盡力進行自律規範，以避免提供可能嚴重刺激性慾、過度助長暴力傾向，或利用*<u>**射倖性高的線上遊戲課金系統**</u>加深成癮風險等內容，導致孩童福祉受到侵害。（後略）

而修改幅度最大的，就是引發網路「炎上」的〈限制孩童使用智慧型手機等設備〉第18條第2款。

1月10日版：

監護人（中略）為防止孩童陷入網路・遊戲成癮，應限制<u>**智能手機等設備**</u>的<u>**使**</u>

*射倖性　司法院判決書用語，意指不確定性、賭博性。

用時間為一天60分鐘（假日為90分鐘），並要求未完成義務教育之孩童在晚上9點之前、其他年齡在晚上10點之前停止使用。**嚴格遵守上述規則**。

1月20日修正版：

監護人（中略）為防止孩童陷入網路・遊戲成癮，應限制**電腦遊戲使用時間**一天60分鐘（假日為90分鐘）。至於**智能手機等設備的使用**，未完成義務教育之孩童在晚上9點之前、其他年齡在晚上10點之前停止使用**為基準**。**家長應努力確保孩童遵守上述規則**。

1月10日版本中，一天60分鐘（假日為90分鐘）的時間上限，原本是針對「智慧型手機等設備的」，修正後則改為僅限於「電腦遊戲」。此外，關於每天60分鐘、90分鐘的使用上限，以及晚上9點、10點的夜間使用限制，也改為較為緩和的「……為基準」的說法。

在說明完畢後，媒體記者被要求離開，接下來的討論便以閉門方式進行。

會議結束後，大山委員長在記者會上發放標題為「關於條例制定的訊息」的文件，並唸出內容。文件首先說明網路．遊戲成癮在國內外都已成為社會問題的背景，並列舉了厚生勞動省研究班和久里濱醫療中心的全國調查結果，接著強調「制定這項條例的目的，是為了全面且有計畫地推動網路．遊戲成癮防治措施，絕不是全盤否定網路和遊戲，也沒有侵犯親權或兒童人權的意思」，藉此回應網路上的批評聲浪。

由於時間限制的部分被過度放大，讓外界誤以為是要禁止使用智慧型手機，包括學習在內的所有用途，因此，我們決定修改條例，使其更容易理解。

對於草案引發的眾多批評，大山委員長表示：「條例的文字敘述可能造成誤解」，並解釋了在修正版本中加入「……為基準」的原因。

有些媒體報導說，沒有遵守這些規定就會被罰錢，但這只是我們建議家庭內部的參考標準；每個家庭都可以根據自身情況，討論出適合的標準。

這裡必須說明的是：在草案公佈前後，並沒有任何一家媒體或電視台報導過「沒有遵守這些規定就會被罰錢」的說法。媒體都有報導「條例中沒有罰則」。

有記者再次詢問，一天60分鐘、90分鐘，以及晚上9點、10點是依據什麼制定的？

我們花了一年的時間諮詢專家、進行問卷調查，綜合各方意見後，認為這些時間帶最能兼顧兒童的學習，和避免成癮等問題。當然，這只是一個「基準」。

大山委員長刻意提高音量，強調「基準」兩個字。

委員會決定針對這個修訂後的草案，再次進行公眾意見徵詢。這次可以提出意見的對象，僅限於香川縣民和第11條規定的業者（網際網路業者、電腦遊戲軟體開發、製造、提供者等）。徵詢期為1月23日至2月6日，總共15天。根據香川縣的「公眾意見徵詢公開程序實施要點」，意見徵詢期間應自計畫案公佈之日起，原則上應超過一個月。然而，這次的意見徵詢期間卻只有半個月。對此，議會事務局表示：「縣政府的要點只適用於行政機關，不適用於議會。議會決定以15天為意見徵詢期。」

後來，這項意見徵詢因為執行時間過短而引發許多質疑，這也是異於尋常的情況。

在意見徵詢的公告事項中寫著「我們將於2月下旬公佈收到的意見概要，以及縣議會對於這些意見的看法。然而，當2月6日意見徵詢截止後，一個月過去了，條例研議委員會卻遲遲沒有召開會議。

公佈的意見概要版本

在意見徵詢開始後約一週，條例研議委員會的其中一名委員——共產黨香川縣議員團的秋山時貞議員——在走廊上遇到一位議會事務局的職員，便上前詢問：

——公眾意見徵詢的狀況如何？收到了多少意見書？

收到了很多意見書，且大都是反對的。

秋山議員心想：「果然不出所料」。自從具有「時間限制」的草案公佈後，共產黨議員團就收到許多民眾的批評意見，包括實名和匿名的。秋山議員於2019年4月（當時（32歲））當選縣議員，並加入「網路・遊戲成癮對策議員聯盟」，之後更代表黨團成為條例研議委員會的委員。

議員聯盟內部並沒有進行正式的表決，而是很自然地就朝著制定條例的方向前進。我可能曾在某些場合表示過「沒有異議」，但我並沒有很明確的印象。

秋山議員認為，的確有家長反映：「我的孩子是不是玩遊戲玩太久了？」、「很擔心孩子會不會成癮」。而且行政機關的確有必要針對那些有需要的家庭和家長，提供必要的協助，因此，他一開始是以贊成制定條例的立場參與委員會的討論。然而，在閱讀了1月10日公佈的草案內容後，他改變了想法。這份草案是由議會事務局和大山委員長主導制定的，就連委員會的委員也是在會議當天第一次看到草案內容。雖然最受矚目的第18條「時間限制」條款引發了許多討論，但真正讓秋山議員擔憂的其實是第6條。

〈監護人的責任〉

第六條　監護人應認知其對防止孩童陷入網路及電子遊戲成癮負有首要責任。

2　監護人應在孩子年幼時，多花時間陪伴孩子，給予孩子安全感，建立穩定的親子關係，並與學校等單位合作，避免孩子網路．遊戲成癮。

秋山議員在與家中有繭居或拒學子女的家長討論草案內容後，聽到許多家長表示：這會讓當父母的更加難過、孩子可能會說：「因為條例規定不能玩太久，所以才不想去學校」。將最大的責任歸咎於最需要幫助的家庭和家長，並強調這是家長的責任，只會讓這些人更難獲得幫助。此外，有一位父母親都是教師的大學生也坦言：「看到這樣的條例會讓我覺得，因為小時候沒有受到父母親足夠的照顧，所以是個『沒用的人』」。

在條例的研議過程中，我並沒有公開表示反對。但當我看到草案中的文字，以及許多民眾的意見後，我才在最後關頭明確了立場，認為我們必須要停下來好好思考。

公眾意見徵詢截止後約五週的3月12日，條例研議委員會召開了第七次會議。秋山議員不斷要求議會事務局儘快公佈收到的意見，但卻遭到意見數量太多、處理需要時間等理由推託，一直等到當天才收到相關資料。

會議一開始，委員和媒體記者們都收到了一本名為「關於《網路・遊戲成癮對策條例（暫定名稱）（草案）》所收到的意見及議會看法」、共計81頁的小冊子。冊子封面有張

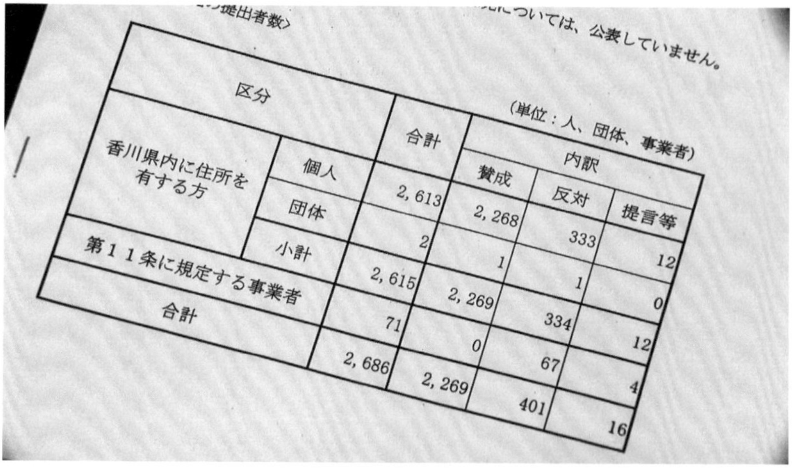
提出者数>

については、公表していません。

(単位：人、団体、事業者)

区分		合計	内訳		
			賛成	反対	提言等
香川県内に住所を有する方	個人	2,613	2,268	333	12
	団体	2	1	1	0
	小計	2,615	2,269	334	12
第11条に規定する事業者		71	0	67	4
合計		2,686	2,269	401	16

香川縣議會事務局製作的公眾意見徵詢概要版封面。

「意見提供者數量」的表格，共收到來自擁有香川縣居住登記的2千613位民眾、2個團體，以及符合第11條規定的71家業者的意見，合計2千686件。表格將這些意見分為「贊成」、「反對」和「其他建議」三類。其中，「贊成」的有2千269件。然而，公眾意見徵詢並非公民投票，並未要求民眾要對議題表達「贊成」或「反對」的立場。意見徵詢說明中也明確表示「回答方式不限」，並未強制要求民眾表明贊成或是反對。據瞭解，這些意見是由議會事務局職員自行閱讀後，再分類統計的。然而，有些意見可能同時包含「贊成部分內容，但希望其他部分可以修改」的意見，這樣的情況真的能明確區分為贊成或反對嗎？儘管如此，封面上的數據仍然帶來極大的影響力，媒體紛紛以「超過八成的民眾贊成」為標題加以報導，這點在本書開頭時就已提過了。

冊子中僅以摘要方式彙整了收到的意見。超過八成的贊成意見只用一頁就概括完畢了；反觀反對意見的則包含「議會的回應」佔了75頁，其他建議佔了3頁。

贊成意見的概要主要彙整成18點，幾乎都支持第18條的「時間限制」規定。內容從「孩子沉迷遊戲，讓我很困擾」、「沒有時間限制，孩子就會無止盡地玩遊戲」，到「希望政府制定規範，這樣我就能理直氣壯地告訴孩子『香川縣的孩子不能這樣做』」、「有明確的標準，家長也比較好教導孩子」等意見都有。

相反的，反對意見的概要則涵蓋了從前言、第1條到第20條、附則，以及其他程序的相關內容，相當廣泛。首先，針對草案的「前言」部分：

> 網際網路及電腦遊戲的過度使用，不僅會導致孩童學業能力與體能的下降，亦可能引發社交退縮、睡眠障礙、視力受損等生理問題。世界衛生組織已正式將「遊戲障礙」認定為疾病，足見其已成為全球範圍內的重要社會問題。

反對意見認為：

- 遊戲障礙才剛被WHO定義，目前尚未出現具體案例，也沒有確立有效的預防和治療方法。

- 在成癮機制尚未明確的情況下就制定條例，是否為時過早？
- 整體內容過於抽象、武斷，缺乏實證支持，只會徒增縣民的焦慮，不適合放在前言。

這些意見認為條例**缺乏依據，應謹慎行事**。

此外，也有針對「遊戲的益處」提出質疑：

- 是否確實討論過遊戲的優缺點？
- 遊戲可以成為與家人、朋友，甚至是與世界各地的人們交流的工具，有助於擴展孩子的活動範圍。

還有許多意見質疑條例中「學習力和體力下降」、「引發繭居等問題」的說法：

- 遊戲成癮是家庭、學校等問題而出現的逃避行為的「果」，非「因」。即使禁止孩子玩遊戲，也無法解決問題。

許多意見認為條例中的「因果關係不明確」或要求「提出科學證據」。

針對規定〈監護者的責任〉的第6條，也有許多批評聲浪：

- 將主要責任歸咎於飽受孩子遊戲成癮問題困擾的家長，只會讓他們更加痛苦。
- 條例的內容讓人覺得孩子會網路．遊戲成癮，都是因為家長的教育方式有問題。難道孩子玩遊戲的時間越長，就代表他們得到的愛越少嗎？
- 家庭中的規則應該由家庭成員共同決定，而不是由第三方強制介入，致使家庭教育的主體性受到侵犯。

此外，第11條中關於〈業者的責任〉，要求業者「應顧及縣民網路．遊戲成癮的預防」，並「協助縣或市町實施網路．遊戲成癮防治措施」、「應致力於自主規範，避免提供可能對兒童福祉造成危害的產品或服務，例如過度刺激性慾、過度渲染暴力、或容易導致成癮的產品或服務，例如射倖性高的線上遊戲付費機制」。針對這項規定，也有以下意見：

- 是否違反了地方自治法中「條例效力僅限於該自治團體」的「屬地主義」原則？

- 是否侵犯了業者的經濟自由，妨礙事業的經營？
- 是否會導致香川縣被排除在服務範圍之外，對縣民造成不利影響？

對此，議會的回應是：「關於業者的責任，我們並未打算制定具體的限制措施，只是希望業者能主動配合。」並強調這項規定並未違反屬地主義原則，也不會侵犯業者的經濟活動自由或阻礙香川縣的經濟發展。

在所有條文中，篇幅最多、意見最多的，就是關於〈限制孩童使用智慧型手機等設備〉的第18條。許多意見質疑60分鐘、90分鐘等使用限制是否具有科學或醫學根據、是否真的有效，也有人擔心這項規定會剝奪孩子的學習和教育機會、阻礙電子競技的發展，甚至違反憲法和兒童權利公約。

對此，議會在「看法」中不斷重申「使用時間只是提供家長制定孩子使用智慧型手機等設備規則時的參考基準」、「我們並未全盤否定網路和遊戲」，並強調「我們認為這項條例的內容並未違反憲法精神或法律規定」。

第七次委員會議在議會事務局職員花了約30分鐘說明後，便進入閉門討論階段。最後，委員會以多數贊成通過了部分修正後的「最終版本」，並決定在18日的縣議會大會上，以議員提案的方式提交審議。

修正主要集中在第18條。首先，將「〈**限制**孩童使用智慧型手機等設備〉」的標題，改為「〈孩童使用智慧型手機等設備的**家庭規則制定**〉」。在使用智慧型手機等設備的說明中，加入了「不含與家人聯絡及學習相關的查詢」的但書。最後，將遊戲的每日使用時間和智慧型手機的使用截止時間，從草案中的「基準」改為「參考」。這些修改都是根據委員們的建議，希望能避免誤解，以更容易理解的方式來呈現。據說，將「**基準**」改為較為緩和的「**參考**」是為了淡化「限制」的意味。

然而，儘管公眾意見徵詢書中有許多針對前言、附則、各條文的意見，但最終只有第18條的內容被修改。大山委員長在委員會議結束後的記者會上表示：「有些反對意見，可能是因為沒有充分理解條例的內容。並不代表草案的內容沒有反映反對的意見」。他強調，議會並非刻意忽視公眾意見徵詢書的結果，而是想消除「誤解」。

在記者會上，許多記者都針對公眾意見徵詢書提出疑問：

——請問您如何看待贊成意見超過八成，遠高於反對意見的結果？

許多家長教師會的成員、家長和祖父母都認為，孩子花太多時間在網路和遊戲上，希望家長能適度控管孩子的使用時間。由此可見，許多家長都對這個問題感到憂心。

——雖然這個議題引發全國關注，但專家學者的意見大多偏向負面，然而公眾意見徵詢書的結果卻恰恰相反，請問您有什麼看法？

這次的公眾意見徵詢書是香川縣民表達意見的管道。我認為這次的結果確實反映了那些身處第一線、最瞭解孩子狀況的家長和家人的心聲。

——根據縣政府廣報課的資料，過去公眾意見徵詢書的數量最多只有147件。您認為這次為什麼會收到這麼多的意見？

我們也感到相當意外。除了報紙刊登了公眾意見徵詢的訊息外，網路上也有相關的宣傳，加上這次的議題受到全國媒體的關注，這應該是造成意見數量增加的原因。

——所以，這次的意見數量增加是因為媒體和網路的推波助瀾，而不是縣議員們的努力，是嗎？

幾乎可以這麼說。

——幾乎？

應該說，完全是這樣沒錯。

大山委員長在記者會上的發言可以歸納為以下幾點：許多家長對於孩子花太多時間在網路和遊戲上感到擔憂和焦慮，而贊成意見的數量也反映了這一點。至於來自網路和全國各地的批評和質疑，則被認為是那些不瞭解網路・遊戲成癮問題嚴重性的人所提出的意見。另一方面，他也表示：

公眾意見徵詢的目的是為了讓縣民的意見能反映在縣政上，並非要求民眾表達贊成或反對的立場。

無視縣民意見的密室會議

多位委員透露，條例研議委員會實際上是以「贊成意見佔多數」為由，草率結束討論的。據說，在記者離開會議室後，部分委員曾表示：「我們也是剛收到意見概要版的，希望能有更多的時間可以仔細審閱」、「現在就做出結論太過倉促」。但隨即有人表示：「（公眾意見徵詢）結果顯示贊成意見佔多數，我們就趕快表決吧！」最後，討論在短短20分鐘內就結束了。

3月16日，縣議會的兩個黨團——自民黨議員會和共產黨議員團——聯合向條例研議委員會的大山委員長提出要求，希望他能儘快公開公眾意見徵詢的「詳細內容」。他們在聯合聲明中指出，在2千686件意見中，有超過八成的贊成意見只有概要性的描述，但反對意見的陳述卻有高達75頁的篇幅，兩者不成比例。此外，網路上也流傳著「議會竄改贊成和反對的比例」、「有人被公司主管要求提供姓名支持條例」等傳聞。雖然真實性有待商榷，但若在縣民疑慮未消的情況下強行通過條例，恐怕會引發更大的爭議。因此，他們要求議會公開詳細的意見內容，以提高條例制定的透明度。

自民黨議員會的辻村修會長也收到許多關於草案的電子郵件和信件，且百分之百都是反對意見；因此，他對於意見徵詢結果顯示「超過八成民眾贊成」，感到難以置信。他曾在委員會議上主張：就算贊成意見真的超過八成，但收到超過400多件的反對意見，也算是史無前例了，應該要慎重地檢視這些意見」。然而，他的意見並沒有被採納，最後只好與共產黨議員團聯合提出要求。自民黨和共產黨的黨團聯手行動，實屬罕見。

在此，我們先簡單介紹一下香川縣議會的黨團組成。2016年，在41席議員名額中擁有28席、過半數的最大黨團「自民黨議員會」，因為議長人選等問題發生分裂。其中，有11名議員脫離自民黨議員會，加入只有1名議員的縣政會，組成香川縣政會。隨後，香川縣政會一舉成為縣議會中的最大黨團，並由2019年4月就任議長的大山議員領導，積極推動網路．遊戲成癮對策條例的制定。截至2020年3月12日為止，香川縣議會的黨團席次組成如下：自民黨香川縣政會20席（含議長、副議長）、2016年由社民黨．縣民聯盟和民進黨黨團合併而成的「自由香川」9席、自民黨議員會8席、公明黨議員會2席、共產黨議員團2席。

3月17日，自由香川也向大山委員長提出要求，希望能公布公眾意見徵詢書的詳細內容。對此，大山委員長以書面回覆表示：「將於18日下午1點至19日下午5點，開放條例研議委員會的委員閱覽公眾意見徵詢書的內容」。然而，議員的提案和表決日期就訂在3月18日上午10點的縣議會大會。儘管三個黨團都要求議會在表決前公布公眾意見徵詢書的詳細內容，但議會卻以「收到的意見中包含姓名、地址等大量個人資訊，議會事務局需要時間進行遮蔽處理」為由，拒絕在表決前公布。

自民黨議員會的辻村會長，嚴厲批評大山委員長的回應。

還有這麼多疑點，卻不願意在大會審議前公開相關資訊，實在令人憤慨。我不知道他們是不是有什麼不可告人的秘密，但很難不讓人有這樣的疑慮。

3月18日，2月定期縣議會的最後一天。在以原案通過縣政府提出的2020年度一般會計預算案等44項議案後，縣議會隨即進入議員提案的審議階段。第一號議案就是「網路・遊戲成癮對策條例」。自民黨香川縣政會的氏家孝志議員，代表提案議員說明提案理由。他首先朗讀了草案的前言，說明提案背景和過程，並強調草案是經過議員聯盟從前年3月開始籌備、9月成立研議委員會，花費一年的時間討論後才完成的。他也針對網路上的批評，做出以下說明：

條例中規定的平日60分鐘的使用時間等，只是一個參考，並非強制限制或禁止孩子使用網路和遊戲。我們希望家長能與孩子討論後，制定出明確的家庭規則，並督促孩子遵守。制定這項條例的目的是為了防治網路・遊戲成癮問題，並非全盤否定智慧型手機、網路和遊戲，更不是要否定那些未來想成為程式設計師等，需要使用網路和遊戲的孩子。

針對這項議案共有三位議員參與討論。

自民黨香川縣政會的佐伯明浩議員，以贊成的立場發言。他首先提到這次的公眾意見徵詢共收到將近2千700件，是過去從未有過的。

公眾意見徵詢書的本意是廣泛聽取縣民的意見，並非要求民眾表態，我們也並非因為贊成的意見比較多，才制定目前的版本。

許多人質疑條例中「限制使用時間」的意見，他也強調，最終版本已經將「限制」改為「家庭規則制定」，「希望能讓縣民更容易理解條例的內容」。

另一方面，曾要求大山委員長公布公眾意見徵詢書詳細內容的自民黨議員會的香川芳文議員，以及共產黨議員團的秋山議員，則分別以反對的立場發言。香川議員指出：醫界和教育界等專家學者對於草案內容，也存在著正反兩方的意見，而且「議會實際上並沒有充分討論公眾意見徵詢書中的眾多意見」。他認為，議會不應該倉促行事，應該繼續審慎討論；因此，他「反對」這項提案。

我們還有充分的時間可以討論，不需要急著制定條例。我們應該進一步討論需要解決的問題，研擬更完善的網路．遊戲成癮對策，並制定更適當的條例內容。網路．遊戲成癮防治是我們必須面對的課題，需要從各種角度著手解決。為了制定出真正有效的條例，我們必須花更多的時間進行討論。

共產黨議員團的秋山議員則批評，這項草案不論是內容還是制定過程，都存在著問題。他批評「條例將主要責任歸咎於最需要幫助的家庭和家長」、「明確規範遊戲的使用時間，並要求家長強制執行，已經過度介入家庭和個人生活」。他也批評條例的制定過程：

這次的會議不僅閉門召開、沒有留下會議記錄，甚至被批評為「無視縣民意見的密室會議」。此外，這個議題也引發全國關注，許多民眾、團體、業者和專家學者都紛紛表達出擔憂和質疑。

在扣除不參與表決的議長後，40位議員中，自民黨議員會的8位議員和共產黨議員團的2位議員，都事先表明會投下反對票。因此，外界都將目光集中在擁有9席議員的自由香川。如果他們也投下反對票就能與自民黨香川縣政會的19票抗衡了。然而，就在表決前兩天的3月16日，自由香川的議員松岡里佳宣佈退出黨團，以無黨籍身分繼續活動。在剩下8名議員的情況下，自由香川選擇在表決前集體離席，拒絕參與表決。

最終，自民黨香川縣政會的19位議員、公明黨議員會的2位議員，以及1位無黨籍議員，共計22人起立，表達「贊成」立場。

贊成票超過半數，本提案原案通過。

在記者們此起彼伏的快門聲中，大山議長以低沉的嗓音宣佈了表決結果。

選擇既不贊成也不反對、直接「退席」的自由香川，會長三野康祐在接受採訪時表示：「這是個痛苦的決定。」他表示：「黨團內部對於草案也存在贊成和反對的聲音，但我們一直積極討論，希望能讓內容更加完善」。然而，對於表決前沒有公布公眾意見徵詢書的詳細內容，他們認為這是個嚴重的問題。

（公眾意見徵詢書）結果存在許多疑點，議會應該努力消除這些疑點。如果沒有問題，我們也會投下贊成票。我們反對的不是條例的內容，而是議會的處理方式。在這樣的議事規則下，我們無法參與表決，因此選擇退席。

就這樣，日本第一條「網路・遊戲成癮對策條例」正式通過，於4月1日開始實施。從香川縣議會成立由全體41位議員組成的跨黨派議員聯盟，到現在已經過了一年。一年中，他們召開了多次學習會，以及7次的條例研議會議，最終才由議員提案通過了條例，但贊成的票數僅僅略高於半數。在此之前，香川縣議會的議員提案通常都是全體一致通過的。大山委員長在議會結束後接受採訪，對於表決結果僅表示：「每位議員和每個黨團都有自己的想法，我沒有什麼什麼特別的意見。」儘管反對者認為議會不該倉促行事，但他仍強調：「在議員聯盟和條例研議委員會中，已經花了一年的時間進行討論了，我認為草案的內容和制定過程並沒有問題。」至於為什麼堅持要在2月議會期間通過，他只說了一句：「我們一開始就計畫這樣做。」最後，他強調了制定日本第一條網路・遊戲成癮對策條例的重大意義。

網路・遊戲成癮是一種需要治療的疾病，就像酒精成癮、賭博成癮、毒品成癮一樣，該由國家來處理。希望透過我們今天的表決，能讓更多人關注這個議題，展開更多的討論。

第2章 檢視條例制定過程

禁止對外洩露的切結書

——你們看了嗎？

還沒。

不行，我不敢看。

2020年3月18日，香川縣議會大樓二樓，議員們在議會營運委員會會議結束後，快步走回議員休息室。在當天上午的香川縣議會大會上，網路・遊戲成癮對策條例草案以多數贊成通過，正式成為條例。那些在表決前未公布的公眾意見徵詢書原始文件，預計在下午一點開放給研議委員會的委員們閱覽。在收到的2千686件意見書中有超過八成民眾贊成。在對外公開的「概要版本」中，僅用一頁的篇幅就概括完超過2千件的贊成意見，這些贊成意見的具體內容究竟是什麼？媒體記者們守在會議室外，希望能採訪閱覽過文件的議員。然而，在不到一、兩分鐘，議員們就陸續走出來了，且都避談文件的內容。就連表決時退席的自由香川議員高田良德，以及先前公開表達不滿、認為議會應該在表決前公布原始文件的自民黨議員會會長辻村修，都三緘其口。就連共產黨議員秋山時貞，也一反常態地不願多說。

我發現了一些不能說的事情，先回休息室一下。我現在還不能說太多，但我對縣議會公開資訊的態度感到十分驚訝……

稍晚才抵達的自由香川議員竹本敏信，透露他在會議室裡被香川縣議會事務局的職員要求簽署一份「切結書」。

他們要我在一份「如果資訊洩露，所有看過文件的人都要負連帶責任」的切結書上簽名。我可以為我的個人行為負責，但沒有辦法承擔其他人的連帶責任！所以我拒絕簽名，生氣地走出來了。

在大山一郎委員長署名、事先通知委員們的原始文件閱覽說明文件中，有以下的說明：「意見提供者的姓名、地址等個人資訊將會被遮蔽，閱覽過的議員有義務保密。」然而，當天在會議室裡，議會事務局卻要求議員們在閱覽文件前需簽署一份額外要求「禁止拍照、錄影、抄寫、對外洩露文件內容」的切結書。切結書上寫著：「如果發生資訊洩露的情況，所有閱覽者都要負連帶責任。」竹本議員和其他幾位議員都因為不滿其中的「連帶責任」條款，選擇拒絕閱覽文件。

根據議會事務局的說法，切結書是根據大山委員長的指示準備的。他們表示，之所以沒有在表決前公布公眾意見徵詢書的原始文件，是因為需要時間對意見提供者的姓名、地址等個人資訊進行遮蔽。至於為什麼要禁止議員們拍照、錄影、抄寫和對外洩露文件內容，他們則解釋：「因為準備時間很短，意見中可能還包含其他的個人資訊。」但這樣的說法不免讓人懷疑，議會是否在條例通過後仍然不願公開原始文件。

正當我認為只能透過資訊公開請求才能看到原始文件時，意想不到的轉機出現了。3月27日的《朝日新聞》香川版刊登了一篇配有竹本議員照片的報導，內容寫著：

在贊成意見中，有七成使用了相同的格式、沒有詳細的理由和意見——竹本議員檢閱公眾意見徵詢書原始文件。

原來，先前拒絕簽訂切結書的竹本議員後來還是去看了原始文件，並接受了《朝日新聞》記者的採訪。其他拒絕簽署切結書的議員最終是否也調閱了原始文件，並沒有人加以確認。得知這消息時，許多人不禁感嘆：「啊，被搶先一步了……」我立刻聯絡竹本議員，並於當日下午進行專訪。

依照議會規定，委員可調閱公眾意見徵詢書原始文件的時段是從3月18日下午1點到19日下午5點止。竹本議員在期限快到的19日下午4點左右，再度造訪調閱文件。根據議會事務局的說法，截至當時，三個要求公開文件的黨派並無其他議員前來閱覽。考慮到若只有自己閱覽便不會牽連到其他人，竹本議員決定簽署切結書。

原始文件被事務局職員放進「贊成」與「反對」兩個文件夾。竹本議員首先翻閱了反對意見的文件夾。

反對意見的內容清晰有條理，給人一種深入研究後才寫出來的感覺。接著，他翻閱了贊成意見的文件夾，其中幾乎都是寫著「我贊成」「我支持」之類的簡單語句。竹本議員忍不住說道：「這個也一樣，那個也一樣，全都一樣嘛。」

竹本議員估計約有七成的贊成意見都採用相同的格式，看起來都是用電腦輸入的。

很可能是有人發起了某種行動，請大家提供名字支持。雖然沒有證據，但從「贊成意見數量龐大」這點來看，不難推測或許背後有某種力量在推動。

早在3月12日的條例研討委員會上，竹本議員等人便對首次公開的概要版意見書提出質疑：「會議當天才公布，就要我們馬上發表意見，這樣的做法實在很不合常理。」但由於贊成的意見占多數，討論還是草草結束。竹本議員表示：「這次的程序未免也太過匆忙了。」

按照計畫，草案要在2月的議會期間完成提案，於4月施行。竹本議員認為，這樣的日程或許是受到「議長任期」的影響。根據香川縣議會的慣例，議長與副議長任期一年，常於每年的4月底或5月初的臨時會議中進行改選。

在任期內至少完成一項由議員提出的條例，這應該是每位議長的心願吧。

條例若未能在2月的議會中提出，就要等到6月才會再次召開定期會議。身兼條例研討委員會委員長的大山議長，為了在任期內通過此條例，便將2月議會視為提案與表決的最後期限。

即便如此，竹本議員在訪談中仍表示：「這只是我個人的推測而已。」他也解釋了為什麼仍在簽署切結書後接受訪問：「切結書禁止公開個人資訊，而我現在談的與個人資訊完全無關。不合理的事情就是不合理。議會應該更加透明才對，讓所有人都認為我們的行事是正當的。」

這次的公眾意見徵詢，「贊成」的數量異常龐大，且大多使用相同格式。竹本議員在閱覽原始文件時，感受到的不是驚訝，而是「果然是這樣」。然而，當他透過資訊公開請求取得文件，親眼確認後，最強烈的感受仍然是「驚訝」。

為何有來自「意見箱」的意見？

4月13日下午，會議室的桌上擺滿了A4大小的文件，共計有4千186頁。這是透過資訊公開請求取得的公眾意見徵詢書的原始文件。當晚的新聞和網路新聞對此做了報導，反應遠超預期。雖然條例的通過與成立已將近一個月了，但對於條例本身，以及「贊成意見超過八成」的結果，始終讓許多人心存疑惑。

從收到議會事務局的影本到播報新聞，約有三個小時的準備時間。當天的報導僅提及一個重點——贊成意見中有許多都使用相同的表達方式。隨後，媒體立即對這批文件進行詳細的分析。

在剔除「贊成」「支持」等簡短的表達後，仍有120多條的意見使用了特定的句式。最常見的四種為：「希望大家的意識都能提升」「期待能迎來光明的未來」「網路和遊戲對孩子們的影響有好有壞」「為了不再培養缺乏判斷力的成人」。每翻一頁就會讀到相同的表述，實在令人難以忽視。然而，這些意見的相似處不僅僅只是表達方式。所有郵件的標題都顯示：「從意見與詢問表單提交的意見」。這些內容均來自香川縣議會網站上的「意見箱」。意見箱中的意見會以電子郵件的形式送至議會事務局，而這些來自意見箱的意見竟占贊成意見的八成以上，約1千900件。

令人不解的是，在本次的公眾意見徵詢公告中，僅提到「郵寄、面交、傳真與電子郵件」，並未提及「意見箱」。為何仍有如此大量的意見透過意見箱提交呢？議會事務局表示：「原因不明」，但他們仍將這些意見視為「電子郵件」來處理。值得一提的是，過去五年來的公眾意見徵詢中，從未收過任何來自「意見箱」的投稿。

「意見箱」或許是破解這次公眾意見徵詢種種謎團的關鍵。在檢視文件的過程中，我注意到「意見箱」位於縣議會首頁左側選單的第九項，與「議長致詞」「議員名冊」「會議記錄」等項目並列。雖然我經常造訪該網站查詢議程或相關的提問內容，但對這個「意見箱」的存在幾乎毫無印象。如果有人刻意使用「意見箱」來進行贊成意見的「灌水」，必然有其特定的理由。

當我無法找到明確答案時，偶然將這些來自「意見箱」的意見與普通電子郵件進行比對時，突然有了新的發現：兩者的「寄件人」欄位不同。普通電子郵件的寄件人資訊均被塗黑，而「意見箱」的寄件人欄位則統一標示為「香川縣　意見與詢問表單」，這是一個通用的官方電子郵件地址。由於系統上的設定並不會顯示寄件人的資訊，因此也就無法確認是否是同一個人多次提交意見，甚至改名、改地址後重複投稿。

這樣的系統設計或許正是選擇在「意見箱」上進行「灌水」的原因。然而，還不僅於此。4月18日，朝日新聞數位版還刊登了一篇文章，揭示了更多的細節。

意見箱試用結果——遊戲條例的「贊成」可以多次提交

報導指出：「香川縣議會網站上的意見箱成了大部分贊成意見的提交途徑，操作簡便，甚至可以輕鬆進行連續投稿。」為了驗證此事，高松總局的記者在事先聯絡議會事務局後，進行了「意見箱」提交實驗。報導還附上連續投稿時的電腦畫面，清楚展示其操作方式。

《朝日新聞》從2020年1月草案公布後，就以探討遊戲條例為主題，進行多角度的報導。條例通過後，他們也率先報導竹本議員在閱覽原始文件後的採訪。此外，也和我們一樣，在4月13日透過資訊公開請求取得了原始文件，並在隔天的報紙上刊登了相關報導。我原本也在思考為什麼公眾意見徵詢會使用「意見箱」這個管道，但從未想過要去實際測試看看，這方面確實被《朝日新聞》搶先一步。

一般來說，如果其他媒體已經報導過了，我們再去報導，就會被認為是「跟風」，較難引起讀者的興趣。但如果有某家媒體和我們一樣都將焦點聚集在公眾意見徵詢的疑點上，那麼這無疑是相當可靠的論點。於是我也決定親自來測試看看，從意見箱大量發送意見的可行性。

測試的關鍵在於瀏覽器的「返回鍵」。我事先聯絡議會事務局，告知他們將要進行測試。我打開意見投稿頁面（①），輸入姓名、地址、年齡，並在「意見・感想」的欄位輸入「測試發送」，之後進入確認畫面（②）。點擊「發送內容」的按鈕後，畫面顯示「您的意見・感想已傳送」的發送完成畫面（③）。這樣就完成一筆意見的提交了。

這時，當我按下瀏覽器的「返回鍵」，就會回到前一個確認畫面（②）。再按一次返回鍵，就會回到一開始的表單畫面（①），而且先前的輸入內容都還保留著。目前許多的網路問卷，如果按下瀏覽器的返回鍵就會出現「錯誤」訊息。但這裡的「意見箱」卻沒有這樣的功能，這就讓使用者可以直接在表單上修改內容，重新提交了。於是我把姓名和年齡改成攝影記者的，然後進入確認畫面（②），點擊發送按鈕後，就成功發送了第二筆意見（③）。也就是說，只要按照①→②→③的步驟發送一筆意見後，再連續按兩次返回鍵（③→②→①）回到頁面①，修改完姓名和地址等資訊後，再重複①→②→③的步驟，就能成功發送第二筆意見。

我實際到議會事務局確認，他們確實收到了我發送的兩筆「測試發送」意見，並請他們列印出來。兩筆意見的發送時間分別是上午11點14分和11點16分；也就是說，我在兩分鐘內就發送了兩筆意見。因為我是在攝影機前邊說明操作方式邊發送意見的，所以花了一些時間；如果熟練的話，應該可以在一分鐘內完成「連續發送」。

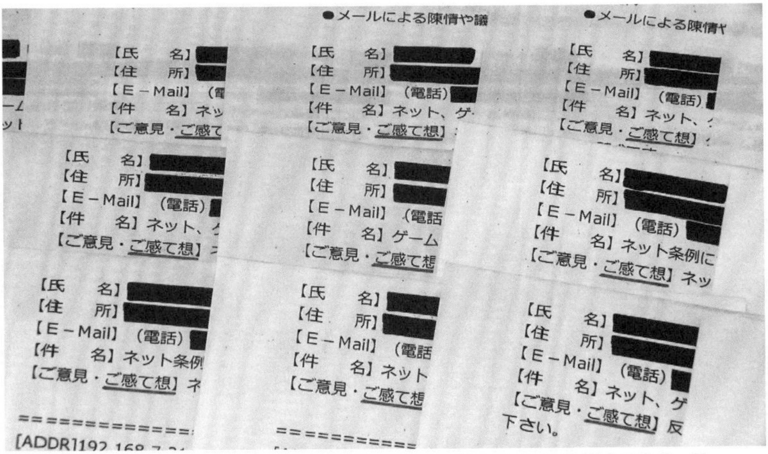

在贊成意見中，出現了大量的相同錯字，讓人覺得不太自然了。照片的錯字是「感て想」。

「依存層」和「感て想」

這個發現也解開了另一個謎團——贊成意見中常見的「相同錯字」。在透過意見箱發送的約1千900件贊成意見中，出現許多相同錯字，例如：標題的「依存症」誤寫成「依存層」、「網路遊戲」誤寫成「葛特遊戲」（ネットゲーム＝ゲットゲーム），以及「条例ににについて」（關於條例）誤寫成「条例ににについてに」（多了一個「に」）等等。

其中，標題為「關於網路・遊戲依存層對策條例」的意見，高達17件；這些意見應該是把「依存症」打錯了。偶爾出現兩三件打錯字的還算合理，但一下子出現17件就顯得太不尋常了。而且，這些意見的內容都包含了「希望條例通過後，大家的意識都能提升」這句話。

此外，還有24件把輸入欄中的「意見・感想」誤寫成「意見・感て想」。「依存層」雖然算是常見的錯字，但看到這麼多的「感て想」，還是讓人不忍苦笑。會出現這種錯誤可能是因為在輸入「感」和「想」時，不小心多打了一個「て」。實在很難想像會有超過20人，同時犯下這種錯誤。

這些相同的錯字大多出現在「標題」中。透過意見箱的連續發送測試，讓我發現了可能的原因。以瀏覽器的返回鍵來連續發送意見時，就不需要重新輸入所有的項目，只需要修改姓名和地址等資訊，就可以迅速完成「兩個人」的意見。過程中如果沒有注意到「標題」或「意見・感想」等輸入欄位中的錯字時，就會連續發送多筆含有相同錯字的意見。實際上，「感て想」的意見，都集中在2月1日星期六下午7點13分到7點40分之間，不到半小時的時間內。從時間點來看，很可能是從同一台電腦以大約每分鐘一筆的速度連續發送的。

分析這些「感て想」意見的內容後，我有了新的發現。前面提過透過意見箱發送的贊成意見中有四種常見的說法，每個都超過120次，分別是：希望大家的意識都能提升、期待能迎來光明的未來、網路和遊戲對孩子們的影響有好有壞、為了不再培養缺乏判斷力的成人。而標題為「依存層」的意見，則無一例外地都包含了「希望大家的意識都能提升」這句話。但「感て想」的意見，卻涵蓋了所有四種說法。此前我一直懷疑「希望大家的意識都能提升」和「期待能迎來光明的未來」這兩種說法是來自2個不同的個人或團體，也就是說，至少有四個人或四個團體，分別發送了大量的意見。

按照發送時間，我整理了「感て想」意見的內容：

19：19 期待能迎來光明的未來

19：20 網路和遊戲對孩子們的影響有好有壞

19：21 為了不再培養缺乏判斷力的成人

19：22 贊成遊戲成癮對策

19：22 贊成網路條例

19：23 贊成網路・遊戲成癮對策條例

19：24 希望大家的意識都能提升

19：25 贊成網路・遊戲成癮條例

19：26 期待能迎來光明的未來

19：27 網路和遊戲對孩子們的影響有好有壞

除了主要的四種說法之外，還夾雜著一些「贊成〇〇」（〇〇的內容略有不同）的意見。這些意見不僅地址和姓名不同，就連內容也不一樣，這可能是為了避免被發現是同一個人連續發送的。

經過這次調查，我逐漸解開首次看到意見徵詢原始文件時，心中的疑惑和不解。就在這時候，出現了一位強大的幫手。我收到專門研究資訊法並提出政策建議的研究機構「財團法人資訊法研究所」預計在2020年6月舉辦一場研討會的消息，而香川縣的網路．遊戲成癮對策條例就是研討會的主題之一。根據研討會的介紹，主題是「從公眾意見徵詢書的文字分析，揭露了什麼真相？」。雖然我不知道什麼是「文字分析」，但或許可以從中得到一些新線索。於是，我迫不及待地聯繫了報告人——齋藤長行先生。

齋藤先生是資訊法研究所的資深研究員，也在東京國際工科專門學校擔任教授。他長期研究兒童網路安全，並參與總務省專家會議，協助制定「青少年網路素養指標」。他會關注公眾意見徵詢是因為看到了我們的報導。

我在新聞中看到山下記者拿著紙本的公眾意見徵詢資料，進行說明。當時我就想，如果能把這些資料數位化，做成圖表，應該會更容易理解，也更有說服力。

齋藤先生和資訊法研究所的團隊向香川縣議會提出申請，取得了公眾意見徵詢書的

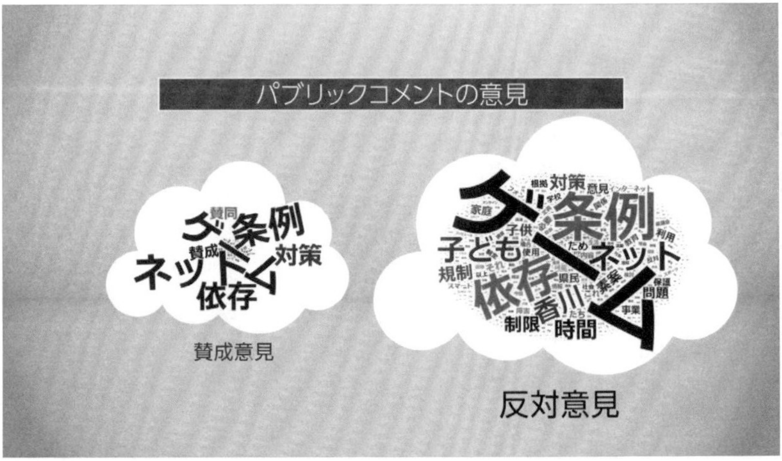

將公眾意見徵詢的文字資料分析結果以視覺化來呈現的「文字雲」。

副本，並用OCR（光學字元辨識）將所有文字轉成數位資料，以「文字探勘」技術分析了這些資料。所謂的「文字探勘」就是將文字資料切割成具有意義的最小單位，再分析這些詞彙的出現頻率。舉例來說，「期待能迎來光明的未來」這句話，就會被切割成「光明／未來」等。這次的公眾意見徵詢書約有2千700件，如果要逐一閱讀並分類，不僅耗時費力，還可能摻雜個人的主觀意見；但如果使用文字探勘技術就能以量化的方式進行客觀分析。

齋藤先生分析了2千331件的贊成意見和306件的反對意見（和議會事務局公開的概要版不同）。首先，他比較了兩者的字數：反對意見的平均字數為1千423．6字，而贊成意見的只有35．4字。接著比較了「相異詞彙數」。所謂的相異詞彙數是指文中出現的詞彙數，例如：遊戲、依存等，每個詞只計算一次。結果顯示，反對意見的相異詞彙數為9千289個，而贊成意見的只有1千538個。如果以「文字雲」的方式將詞彙的出現頻率以大小不同的文字來呈現時，就能清楚看出兩者的差異。

反對意見使用了更多的相異詞彙，也就是說，反對者以更多元的角度來思考這個議題。贊成意見所使用的詞彙數較少，內容比較單一。

此外，齋藤先生也分析了意見的發送時間，並做成圖表。結果顯示在徵詢期間，反對意見的數量每天都維持在一定的範圍內，只在截止前稍微增加了一些。贊成意見的數量一開始也和反對意見差不多，但在2月1日到3日之間卻突然暴增。在已知發送時間的2千255件贊成意見中，2月1日有1千86件，2日有143件，3日有517件。也就是說有77.45%的贊成意見都集中在這三天。不僅如此，「希望大家的意識都能提升」、「期待能迎來光明的未來」等四種常見說法，以及「依存層」、「感て想」等相同錯字，也都出現在這三天中。

就算真的有很多人把「依存症」錯打成「依存層」，也很難解釋為什麼這些意見都集中在這三天。如果是平均分散在徵詢期間，反而比較合理。

進一步分析每小時的數量變化發現，2月1日星期六的意見從早上8點就開始出現，下午6～10點達到高峰。最多的時段是晚上8點，一小時內就收到201件，並持續到隔天凌晨一點。另一方面……理論上2月2日早上8～10點應該也會有些意見才對，但實際上卻幾乎沒有。也就是說，發送意見的人在2日早上因為太累，所以休息了？

沒錯，如果這些意見都是由同一個人發送的，那就有可能出現這種情況。

公眾意見徵詢書的原始文件公開後，贊成意見遭到灌水的疑慮隨之浮上檯面。根據調查結果推測，可能是少數人或團體利用「意見箱」大量發送贊成意見。齋藤先生的文字分析則以更為淺顯易懂的方式，呈現了這個可能性。齋藤先生表示：「我們的分析顯示，這次的公眾徵詢存在著許多異常。這些數據佐證了組織性動員的可能性，讓這次公眾意見徵詢的可信度備受質疑。」

公開公眾意見徵詢書的意義

香川縣議會事務局表示，如果意見中出現相同的姓名和地址就會被視為是同一筆意見。但他們也強調：「公眾意見徵詢的目的並非公民投票，要求民眾表達贊成或反對的立場，而是希望聽取民眾意見，將這些意見反映在條例中。因此，即使出現多筆內容相同的意見也不會排除在外。」此外，他們也沒有確認意見提供者的真實性。

就算真的有人透過組織動員的方式大量發送意見，也很難認定這種行為是違法，或是有程序上的瑕疵。

香川大學法學部專精於地方自治的三野靖教授發表了上述的看法。

所謂的「公眾意見徵詢」是指國家行政機關在制定政令時，事先公開草案內容，廣泛徵求民眾意見的制度。透過參考民眾意見來確保行政運作的公正性及透明度。這項制度於2005年修訂《行政程序法》時新增的，但徵詢對象僅限於「國家行政機關制定的命令」，並不包含香川縣等的地方政府。因此，許多地方政府都是根據「綱要」來實施公眾意見徵詢的。而「綱要」則是指規範行政機關內部業務處理基準和方針的文件。針對這次的公眾意見徵詢，三野教授表示：「這項公眾意見徵詢並沒有法源依據，可做可不做。」他也批評：「如果只是做做樣子，挑選對自己有利的意見，那就失去公眾意見徵詢的意義了。」

民眾表達意見後，行政機關應該要做出回應，例如：這個意見很好，我們會納入考量；或是這個意見可能有些誤解，我們會做出說明。

委員長大山，以及議會事務局的負責人員都一再強調，公眾意見徵詢的目的並非表達贊成或反對的立場。但他們卻在公開的概要版封面上，以贊成和反對的比例來呈現「意見提供者的人數」。在研議委員會中也出現了「贊成意見較多，應該趕快表決」的聲音。媒體也紛紛以「超過八成縣民贊成」為題，大肆宣傳。

公眾意見徵詢的目的並非詢問民眾「你是贊成還是反對」，而是「請針對這項條例提出你的意見」，例如：「希望修改這個條文」或是「希望納入這個觀點」等等。這些意見該被歸為反對嗎？很難判斷吧？議會事務局卻擅自將意見分成贊成和反對，這實在很奇怪。

被歸類為「反對」意見的平均字數約為1千420字，其中，字數最多的甚至超過1萬6千字，詳細說明每個條文的缺失，以及需要改進的地方。在公開的概要版中，雖然以「意見及回應」的方式列出這些意見，但最後的條文卻只做了部分的修改，例如：將遊戲的每日使用時間，從「基準」改為「參考」等。三野教授嚴厲批評：「這樣的做法只會讓民眾對條例失去信心。」

如果只重視贊成和反對的比例，而忽略了意見的內容，甚至沒有採納大部分的意見，那等於是背叛了認真參與公眾意見徵詢的民眾。民眾會覺得他們的意見根本沒有受到重視，也會對條例失去信心，導致條例失去存在的意義。

正當我持續報導香川縣議會公眾意見徵詢書的疑點時，我收到一個來自京都的公民團體的訊息，表示想進一步瞭解情況。這個團體是「公眾意見徵詢推廣協會」。之前我並不知道這個團體，獲得他們的聯繫也讓我十分驚訝，便決定親自採訪他們。先透過線上會議進行了初步的訪談，之後又到京都進行面對面的採訪。我們主要是透過無線電視台向香川縣和岡山縣播放新聞，也會在網路上發布新聞和影片，但這次的採訪讓我再次感受到這個議題受到全國關注的程度。

公眾意見徵詢推廣協會的前身是2009年京都市政府為了制定「京都市基本計畫」而成立的「未來接班人青年會議U35」。當時，協會成員負責組建公眾意見徵詢小組，收集市民的意見。2011年成立了公眾意見徵詢推廣協會，主要協助京都市政府針對條例和計畫進行公眾意見徵詢。他們會到活動會場、購物中心、車站等人潮眾多的地方，協同市政府人員一起向民眾說明計畫內容，並鼓勵民眾當場寫下他們的意見。這種「對話式的公眾意見徵詢」成效卓著。根據協會的說法，日本全國自治體的公眾意見徵詢平均每年只會收到20～30件，但京都市政府的每個公眾意見徵詢都能收到500件以上。協會代表吉岡久惠表示，香川縣的遊戲條例公眾意見徵詢「非常不尋常」。

> 我從來沒有看過把「贊成」全都整理起來的公眾意見徵詢。雖然有些徵詢會收到肯定的意見，例如：我認為這個方案的這個部分很好等等。但大多不會特地寫上意見，再用電子郵件或傳真發出去。

針對香川縣議會將收到的意見分成「贊成」和「反對」，並公開比例，甚至在研議委員會中以贊成意見較多為由，沒有經過充分討論就進行表決一事，吉岡表示：「這種做法會讓人誤以為公眾意見徵詢就是比人數，擔心其他地方政府會群起效尤」。

根據吉岡的說法，特定團體發起動員、大量發送意見的情況並不少見、也不違法。但公眾意見徵詢的價值在於每個意見，不論數量多寡都具有相同的份量。

即使只有一個人，但只要言之有理，行政機關就應該納入考量；相對的，即使有成百上千個人表達相同的意見，但如果沒有道理，行政機關也不一定要採納。公眾意見徵詢的魅力就在於民眾可以提出不同的想法，讓行政機關重新思考政策的方向。

公眾意見徵詢推廣協會的成員之所以會走上街頭和民眾面對面溝通，鼓勵他們寫下自己的意見，就是為了挖掘那些容易被忽視的少數意見和多元意見，並希望行政機關能將這些意見納入考量。香川縣議會的條例制定因為「贊成」意見被大量灌水，導致許多不同的聲音被掩蓋了。

當行政機關或議會想制定出符合自己期待的條例或計畫時，利用灌水的贊成意見作為擋箭牌，以人數優勢來壓制反對意見，這是絕不該發生的事情。

要求成立調查委員會

香川縣議會的條例研議委員會在沒有公開公眾意見徵詢原始文件的情況下，強行通過了條例。對於這些疑似被灌水的贊成意見，參與審議的委員們又有什麼看法呢？帶著原始文件副本，我們拜訪了在表決時唯一提出反對意見的共產黨議員團——秋山議員。

會議室裡，我們把贊成意見和反對意見分開放置，並將格式相似的意見疊放在一起。議員一走進會議室就忍不住嘆了一口氣。

好多啊，真是驚人的數量……總共4千200多頁，對吧？我從來沒看過這麼多的公眾意見徵詢意見……

當我們詢問秋山議員想先看哪一部分時，他毫不猶豫地回答：「反對意見」。議會事務局將來自縣民和網路・遊戲相關產業的400多件意見歸類為「反對意見」，但研議委員會的委員們只看到了這些意見的摘要。這些反對意見來自各種視角，不是單純地認為「遊戲受到限制」是不對的，而是深思熟慮後才提出這些意見的；有些甚至還引用論文來支持其論點，甚至提出具體建議，比如：要如何調整才能讓政策更容易被縣民所接受。這些內容或許正反映著反對意見的數量是如此的龐大。

秋山議員沒有被我們的攝影機影響，他專心地閱讀每一份意見，不時唸出內容，並表達自己的看法。那些在概要版中看不到的真實聲音，就這樣躍然紙上。

拜託你們，請你們注意，你們正在剝奪孩子們的自由。能不能請你們重新思考，好好聽聽縣民的心聲？

身為參與條例審議的委員，當初我應該好好傾聽這些意見、對條例內容進行充分討論，才能回應大家的期待。

相較之下，大部分的贊成意見都只有短短幾行字，內容大同小異。我實在無法想像寫下這些意見的人究竟是什麼樣子。雖然秋山議員之前就已經看過我們的報導了，但在親眼看到這些文件後還是難掩驚訝表情。不過，在這些贊成意見中還是有一些詳細說明對於孩子過度沉迷於遊戲的擔憂、對制定規範的期待，以及為人父母的矛盾心情。

在被指為「多數操控」的情況下，這些真摯的想法反而被掩蓋了。

——如果這些原始文件在表決前就公開的話，結果會不會不一樣？

我覺得這件事本來就不應該發生。當初如果公開這些文件的話，討論一定會朝不一樣的方向發展。議會沒有給縣民足夠的時間和資訊，來思考這個議題。這樣一來，公眾意見徵詢又有什麼意義呢？

在公眾意見徵詢原始文件公布後兩週，也就是4月27日，在媒體的壓力下，縣議會的三個黨團終於有了動作。當初投下反對票的自民黨議員會和共產黨議員團，以及在表決時選擇退席的自民黨香川，聯合向大山議長提交了一份「要求書」。他們要求議會成立調查委員會，徹查遊戲條例的制定過程，並負起說明責任。

由於議長室內的協商過程並沒有對外公開，我們只能在協商結束後採訪三個黨團的代表。自民黨議員會的會長辻村議員批評條例研議委員會不顧他們的反對，堅持在沒有原始文件，也沒有充分討論的情況下就強行表決，完全不符合民主程序。自民黨香川的會長高田議員也表示：「我們雖然主張修改內容，希望能讓條例順利通過，但這次的制定過程已讓縣民對議會失去了信心，因此決定加入連署。」

我詢問他們關於研議委員會在報告公眾意見徵詢結果時，刻意突顯「贊成」和「反對」比例一事。

——請問你們認為「贊成意見比較多」這件事，是否影響了委員會的討論，以及最後的表決結果？

「當然有影響啊。」共產黨議員團的團長樫昭二議員，毫不猶豫地回答。

自民黨議員會的會長辻村議員則表示：「媒體都以『超過八成的縣民贊成』為題大肆宣傳，才會讓縣民誤以為大部分的人都贊成這項條例。」

自民黨香川的會長高田議員則認為：「這背後，一定是有組織在操作。因為贊成意見多總比贊成意見少，來得好。雖然我不知道這樣的做法是否真的影響了最後的表決結果，但我認為，很有可能。」

據說，在研議委員會的最後一次會議上，公眾意見徵詢的概要版本公佈後，最大黨團──自民黨香川縣政會的委員曾以「贊成意見比較多」為由，要求盡快表決。但由於會議並沒有對外公開，也沒有留下會議記錄，因此無從得知當時的情況。針對這樣的說法，曾經參與研議委員會的辻村議員和高田議員都以「記不清楚了」為由，拒絕回答。共產黨議員團的團長樫議員則義憤填膺地表示：「就是因為沒有留下會議記錄，才會發生這種事。」

任何委員會都應該以公開、透明為原則，因為議員是人民選出來的。只要留下會議記錄並公開內容，就能避免類似的情況再次發生。

「那是你們共產黨的想法，我們可不這麼認為。」自民黨議員會的會長辻村議員打斷了樫議員的話。

高田議員就因為在自己的部落格上發表了關於遊戲條例的看法，而被網民攻擊。如果所有的會議內容都對外公開，難保不會發生類似的事情。

自民黨香川的會長高田議員則坦承，當初沒能在條例研議委員會成立時就決定好會議的公開方式，以及是否要留下記錄，是我們的疏忽。他表示，過去議員所提案的條例都是「全體一致」通過的，沒有出現過意見分歧的情況，所以才沒有注意到這個問題。

我們必須徹底檢討這次到底哪裡做錯了，才能向縣民負起責任，並建立起一套完善的規則，以避免類似的事情再度發生。

根據三個黨團代表的說法，大山議長在收到「要求書」後表示：「我們是依循前例來處理這件事的，沒有任何問題。」拒絕成立調查委員會。自民黨議員會的會長辻村議員則反駁：「如果議會不調查清楚，外界對制定過程的質疑就無法消除，這樣一來，要如何執行這項條例呢？議會應該要負起責任。」最後，大山議長才鬆口表示：「會再研究看看」。

記者會結束後，我和攝影記者立刻趕往議長室，希望能採訪大山議長。結果，出來迎接我們的是議會事務局的局長淺野浩司。他邊用手勢示意我們離開議長室門口，邊說道：

關於這件事，議長今天不方便發表任何意見。

——制定過程出現這麼多的疑點，還有三個黨團聯合提出要求，議長卻不願出面說明，這不是很奇怪嗎？請你讓議長……

這部分，由議長自己決定。

淺野局長打斷了我的追問。在條例通過前，大山議長都會在研議委員會結束後接受採訪，但自從公眾意見徵詢原始文件公布後，他就開始拒絕媒體的採訪了。

議長交接與落幕的氛圍

4月30日，香川縣議會召開臨時會。大山議長以「個人因素」為由，遞出辭呈，並獲得出席議員的多數同意，准予辭職。依照香川縣議會的慣例，議長由議員輪流擔任，任期一年。因此，大山議長的辭職可說是預料中的事。

在卸任致詞中，大山議長回顧了自己在「平成最後一年，令和元年」擔任議長的這一年。他表示自己參與了許多重要的活動，例如：皇居的各種儀式、香川縣與中國陝西省締結友好省縣25週年紀念活動、秘魯日本人移民120週年紀念活動等等，這些都是非常寶貴的經驗。接著，他提到了任內推動通過的日本第一部「網路・遊戲成癮對策條例」，並強調近十幾年來，資訊產業發展迅速為人類帶來許多便利和財富，但同時也衍生出許多負面影響，例如：假新聞引發的社會混亂、著作權與隱私權的侵害、濫用社群媒體所導致的霸凌與炎上（網路圍剿），甚至威脅、人權侵害、網路詐欺、跟蹤騷擾、性犯罪、視覺障礙等各種副作用。這些，在他擔任議長前都曾在議會質詢時多次提及。

其中，最可怕的負面影響就是網路．遊戲成癮。我希望這項條例的通過能讓大家意識到，網路和遊戲雖然方便、有趣但也潛藏著許多危機。我們應該正確瞭解其優缺點，為孩子們創造一個能與網路和平共處的環境，讓他們能健康快樂地成長。

從他的致詞中可以感受到他對於推動日本第一部「網路．遊戲成癮對策條例」的驕傲。然而，對於三個黨團要求調查條例制定過程的「要求書」卻隻字未提。

臨時會結束後，我們決定在議場出口堵截大山議長，當面詢問他對於「要求書」的回應，以及贊成意見遭到灌水的看法。議場有兩個出口，為了避免撲空我們兵分兩路，我和一位攝影記者守在議長座位旁的大門，另外兩位則守在後方的記者席出口。

我宣佈，本次臨時會結束。

下午2點44分，新任議長西川昭吾的聲音從議場內傳來。沒多久，議場的大門打開了，攝影記者立刻按下錄影鍵。幾十秒後，議員們陸續走出議場，但始終不見大山議長的身影。我轉頭看向後方的記者席出口，發現守在那裡的後輩記者也在尋找大山議長的身影。我走進議場，發現裡面已經沒有人了。我詢問其他議員才知道，大山議長早就從後方的記者席出口離開了。我們一直把注意力放在前方的大門，才會讓大山議長從我們眼皮底下溜走。我們立刻趕往三樓的議員休息室，但還是沒有找到大山議長。最後，我們在地下停車場發現大山議長已經開車離開了。雖然我們早就預料到大山議長不會輕易接受我們的採訪，但沒想到，他竟會刻意避開我們。這次採訪以失敗告終。

正當我在停車場拍攝採訪後記時，自民黨議員會的會長辻村議員剛好經過。

——大山議長完全沒有回應三個黨團的「要求書」，就這樣卸任了，你有什麼看法？

我們當然希望他能給個交代。他之前明明說過，會再研究看看，結果……

一位目睹大山議長離開的縣政府職員表示：「我從來沒看過議長走得這麼匆忙的。」就連議會事務局的職員也因為大山議長的突然離開，而不知道該如何處理原本要送給他的花束。

下午三點半，新任正副議長舉行就任記者會。在稍早的臨時會中，議員們選出了第92屆香川縣議會議長和副議長。新任議長由前副議長西川議員擔任，新任副議長則由十河直議員擔任。他們都和大山前議長一樣，來自最大黨團——自民黨香川縣政會，且都是第五次當選議員。西川議長在致詞時表示：「縣內有許多問題需要解決，但目前最重要的是做好防疫工作。希望媒體朋友們能夠多多幫忙，讓我們能以淺顯易懂的方式向縣民報告縣政的推動狀況。」然而，在場記者們最關心的還是遊戲條例。

針對三天前三個黨團聯合向大山前議長提交的要求書，西川議長表示：「條例已經通過了，沒有必要再討論了。」明確表示不會成立調查委員會。西川議長曾經擔任條例研議委員會的副委員長，對於條例研議委員會的會議沒有全程公開，也沒有留下會議記錄一事，他表示：「可能是因為大山委員長收到許多恐嚇信件，擔心委員們的發言會被斷章取義、遭到人身攻擊，才做出這樣的決定。」

接著有記者提到贊成意見疑似遭到灌水的疑慮時，沒想到曾擔任條例研議委員會委員的副議長十河議員竟然語出驚人地表示：「關於公眾意見徵詢的部分我不太清楚，也不太瞭解具體的實施時間和方式。」

記者們紛紛追問，想知道他話中的意思。

——副議長你之前不是條例研議委員會的成員嗎？怎麼會不知道什麼時候進行公眾意見徵詢？

嗯……我好像有印象，但現在有點忘記了，抱歉。

——這件事有這麼不重要嗎？身為條例研議委員會的委員怎麼可以不瞭解公眾意見徵詢的過程呢？

不好意思，是我的疏忽。我原本以為公眾意見徵詢的內容都是由執行部門擬定的，所以沒有仔細看……

——什麼叫做「由執行部門擬定」？公眾意見徵詢不是由條例研議委員會負責的嗎？

表面上是由條例研議委員會負責的，但實際上，都是由負責的職員處理的。

副議長毫無愧色地說出這番話，讓現場記者驚訝不已。這時，西川議長連忙出來打圓場。

過去我們在審查條例時，也都有進行公眾意見徵詢，副議長說的「沒有特別重視這件事，指的是依循過去的慣例，而不是說我們完全忽視這項程序。這次在審查遊戲條例時，我們確實花了很多時間在條例的討論上，但對公眾意見徵詢的部分就沒有特別重視。我想副議長的意思大概是這樣。

議長說得對。

十河副議長邊附和，邊露出了一絲微笑。據說條例研議委員會在公佈了意見徵詢的概要版後，曾經進行了約20分鐘的閉門討論……

我有出席會議。

——所以，你們當初並沒有認真看待意見徵詢的結果？

我個人是這樣沒錯。不過，我相信，副委員長（西川議長）應該都有掌握狀況。

由於時間有限，在當天的晚間新聞中，我們只報導了大山議長沒有回應三個黨團的「要求書」就卸任的消息；在隔天所製作的後續報導中則特別提到十河副議長在記者會上的發言。我們採訪了參與連署的共產黨議員團的團長樫議員，詢問他的看法。

議長和副議長是縣議會的代表，他們的發言實在是太不負責任了。什麼叫做「不知道」、「沒有深入瞭解」？公眾意見徵詢的目的就是要廣泛聽取縣民的心聲，怎麼可以說不重視此事呢？這種發言實在是太離譜了。

就連曾經擔任條例研議委員會副委員長的西川議長，也常在記者會上說：「我不是網路世代」、「我對遊戲並沒有深入研究過」，或是「這部分我不太清楚」等等，彷彿事不關己，給人的感覺和當初積極推動條例制定的前議長大山形成強烈對比。隨著大山前議長在沒有針對眾多疑點做出任何說明的情況下就辭職了，讓香川縣議會瀰漫著一股「想盡快落幕」的氛圍。在記者會上，西川議長甚至還說：「條例已經通過了，再討論也沒有意義。」

這項條例因為「遊戲時間每天只能有60分鐘」的規定，以及事後被揭露的灌水事件，兩度登上全國的新聞版面。如今，縣議會似乎想盡快讓事件落幕，不再回應任何質疑。

媒體的報導逐漸減少，民眾的關注度也隨之下降。然而，接下來發生了一件事，讓這項條例再度成為全國的矚目焦點。而這一切，都要從一名高中生的行動說起。

第3章 質疑聲浪高漲

勇敢發聲的高中生

2020年3月18日，香川縣議會針對「網路・遊戲成癮對策條例案」進行表決。由於這項條例備受關注，平常幾乎沒有人旁聽的縣議會，當天竟然湧入了將近20名群眾，其中還包括了一名男高中生。在聽完議員們的提案理由，以及贊成和反對的意見後，議員們起立進行表決。結果，贊成票過半數，條例以原案通過。

比起憤怒，我更多的是感到悲傷。看著議員們的表決畫面，我的眼淚幾乎要掉下來了……

當時因為新冠疫情擴散，日本全國的小學、國中、高中都處於停課狀態。這位高中生穿著白色毛衣和灰色西裝褲，散發著一股超齡的沉穩氣質。如果不是之前就已經採訪過他，我可能也不會注意到坐在旁聽席上的他，竟然只是一名高中生。

時間回到一個半月前，也就是1月31日。當天，這名男高中生拿著一疊文件走進香川縣議會事務局，立刻被聞風而來的記者團團包圍。這名就讀高松市某高中的二年級學生，向記者們表示：「我不希望我的姓名和學校被報導出來。」因此，在新聞報導和節目中，我們都以「涉同學」來稱呼他。

涉同學手上的文件是要求「撤回」遊戲條例草案的連署書。他在1月10日得知縣議會條例研議委員會所公佈的遊戲條例草案中，規定「智慧型手機等電子設備，每天的使用時間不得超過一小時」後，就立刻在網路上的連署網站「Change.org」，發起了「阻止香川縣制定遊戲禁令條例」的連署活動。他在網站的個人簡介中表明自己是住在香川縣的高中生，呼籲全國各地的人們一起來幫忙。在短短的三週左右就募集到595份的連署。這些連署書是要寄給香川縣縣長和縣議會議長的。涉同學原本希望能親手將連署書交給身兼條例研議委員會委員長的大山一郎議長，但最後還是只能由議會事務局的局長代為轉交。

「我希望議員們能夠明白，遊戲是我們的避風港，請不要隨意踐踏它。」

涉同學表示，自己平常玩線上遊戲的時間，短則2小時，長則4～5小時。在提交連署書後，他接受了媒體採訪，並且批評「一天只有1小時」的規定「太草率了」。他表示自己曾打電話到議會事務局，詢問這個時間限制的依據。得到的答案竟然是──這是參考了國立醫院機構久里浜醫療中心，在2017年，針對全國9千名10幾歲的青少年進行的問卷調查結果；以及香川縣的學習狀況調查結果，所做出的決定。涉同學反駁，香川縣的學習狀況調查只針對中小學生，並沒有包含高中生，但條例的規範對象卻包含了高中生。

我認為遊戲成癮確實是一個問題，但如果要制定條例，應該要先做好調查，瞭解香川縣到底有多少遊戲成癮的患者，而不是草率地決定要限制遊戲時間。

然而，條例最後只在草案的基礎上做了些微的修改，就按照原定的時間表通過了。

涉同學在旁聽完議會的表決過程後，在推特上寫下了這段話：

結果還是很令人遺憾。我實在是能力不足。不過，這場戰鬥還沒有結束，我會繼續戰鬥下去。

他這句「我會繼續戰鬥下去」並不是一時衝動說說而已。在條例通過後，他寄了公開質問狀給大山議長；以及當初在議會上，說明提案理由的氏家孝志議員；和發表贊成意見的佐伯明浩議員。他在公開質問狀中提出了八個問題，包括：「為什麼沒有邀請被規範對象，也就是未滿18歲的學生參與研議委員會的討論、網路和遊戲會導致學習力下降的說法有什麼科學根據？」等等。然而，直到期限截止，他都沒有收到任何回覆。

於是他決定採取下一步的行動──向香川縣政府提起訴訟。他主張這項條例「違反憲法」，要求香川縣政府賠償損失。

他最早是在3月31日，也就是條例正式上路的前一天，在推特上宣佈了自己將要提起訴訟的消息。之後，我開始定期和他聯繫，關心訴訟的進度。5月14日，在他確定了委任律師以及訴狀內容後，我對他進行了獨家專訪。由於當時學校還沒有開學，因此我們約在戶外進行採訪。當天涉同學穿著便服戴著口罩，我們也保持著安全的社交距離。

——我首先詢問他，為什麼在還是高中生的時候就選擇提起訴訟？

我在1月31日帶著近600份的連署書到縣議會，表達我的訴求，但議員們完全不理會我的意見，執意通過這項條例。我對此感到失望和不信任。因此，我決定採取法律行動。

——當我問他是否覺得縣議會有認真看待他所提交的連署書時，他斬釘截鐵地回答：

完全沒有！我覺得他們根本就沒有把我們高中生的意見當一回事。更何況，他們在召開研議委員會時，竟然沒有邀請我們這些被規範的對象，也就是未滿18歲的學生，參與討論。我曾經向議會事務局反映過這個問題，希望他們至少能找幾個符合年齡條件的學生來參加會議，但他們完全沒有理會我的請求，還是繼續開會，這讓我感到非常難過。

雖然一般民眾無法旁聽研議委員會的會議，只能透過媒體得知消息，但涉同學還是在表決當天親自到議會旁聽。他表示：

從議員們的提案理由，以及贊成意見中，可以感受到他們對遊戲有著很深的偏見，認為遊戲是萬惡根源。例如：他們認為學生會逃學都是因為玩遊戲。但事實並非如此。有些學生可能是因為家庭問題，或是遭到霸凌，才會選擇逃學；而遊戲只是他們在家裡消磨時間時的工具。我希望議員們能親自聽聽我們這些學生的心聲。如果他們願意給我機會，我會親自到議會表達我的看法。

——對你來說，遊戲是什麼樣的存在？

我承認，如果使用不當，遊戲確實會造成危害。但是遊戲就像運動一樣，可以讓我們為了達成目標而努力。對我來說，遊戲不只是朋友，應該說是……比玩具還要重要的存在。我無法用言語來形容它，但它已經是我生活中不可或缺的一部分了。

涉同學也透露他正在籌備網路募款，希望能募集到訴訟費用，以及委託專家撰寫意見書的費用。

香川縣遊戲條例又有新發展了。「一名高中三年級學生和他的母親決定對香川縣政府提起訴訟」的新聞一出刊，就引發軒然大波。繼4月13日我們獨家報導公眾意見徵詢的灌水事件後，這則新聞再度登上日本雅虎新聞的首頁，在推特上被轉發了1.6萬次。網友們紛紛留言表達他們的看法，有人支持涉同學的行動，認為他很有行動力、希望他能加油、我會支持他；也有人分析香川縣的遊戲條例並沒有罰則，應該不至於違憲；還有人惡意攻擊涉同學，認為他想藉此獲得賠償金。但這其實是誤解。日本的法院在審理案件時，並不會直接判定法律是否違憲，而是以「損害賠償請求」的方式，來進行審理。原告必須在訴狀中，主張自己的憲法權利受到侵害。

在我們製作的約四分鐘的新聞報導中，開頭就引用了涉同學的這段話：

我認為，如果由我這個正在就讀高中的學生來提起訴訟，應該會造成很大的社會衝擊。而且，與其讓別人來幫我出頭，還不如由我來爭取自己的權益。

他的這番話，確實掀起了巨大的波瀾。

縣長對於條例的評價

涉同學決定對香川縣提起訴訟，也就是說，被告是香川縣政府。雖然遊戲條例是由香川縣議會成立研議委員會，經討論後才提案通過的；但一旦通過，執行和管理的責任就落在香川縣政府身上了。那麼，香川縣的最高行政首長——縣長對於這項從制定就爭議不斷的條例，又有什麼樣的看法呢？

接下來，我們將以議會期間外、原則上每週舉行的縣長定期記者會上的發言為主，來一探究竟。縣長濱田惠造第一次在公開場合談到這項條例是在2020年1月14日，前一週的1月10日縣議會條例研議委員會公佈了遊戲條例草案。在隨後的定期記者會上，記者便針對草案中的「智慧型手機等電子設備的使用時間限制」向他提問：「請問您是否認為需要採取這種強制性手段來限制遊戲時間？對於外界批評公權力介入人民的私生活，您有什麼看法？」

對此，濱田縣長表示：「我有聽說網路上對此有各種不同的意見。」接著，他進一步說明：

針對可能導致兒童網路・遊戲成癮的智慧型手機等設備，我們設定了60分鐘或90分鐘的使用限制。不過，就我個人的理解，這並非針對一般的網路——畢竟，網路也有遊戲以外的用途。因此，為了應對網路・遊戲成癮，我認為有探討此類措施的必要。

香川縣政府在2月公佈的2020年度總預算案中，編列了約1千178萬日圓的「網路・遊戲成癮對策費用」。雖然當時條例還沒有通過，但濱田縣長在記者會上解釋：「這筆預算是根據議會的討論方向，以及縣府過去推動的相關政策編列的。」

這筆預算主要用於三大方向：①以縣民宣導為主，預防網路・遊戲成癮的「成癮預防對策」；②以醫療機構、患者和家屬為對象的「成癮治療對策」；以及③「兒童青少年成癮對策與網路正確使用推廣」。其中，新增的項目包括：製作教師版的預防教學手冊，以及學生版的預防學習單等。針對這些教材的製作依據，有記者提問：

——有些專家認為「網路・遊戲成癮」還是一種很新的疾病，目前還不清楚哪些方法可以有效預防，也不知道哪些人比較容易成癮。請問縣府在制定預防措施時，是參考哪些理論和方法？

這個嘛……教育委員會，過去已經做了很多努力，也累積了不少經驗。我們也會持續向醫療專家請教。雖然目前還沒有統一的標準可以遵循，但我們不能因為這樣就什麼也不做。

此外，由於在同一份預算案中也編列了「資通訊產業招商和人才培育」的預算，因此有記者提問：「請問您認為縣民能夠接受縣府，一邊限制網路和遊戲，一邊又發展資通訊產業嗎？」

我相信縣民能夠理解。而且，我並不認為這兩者是互相矛盾的。我之前就已經在記者會上說過，這項條例並不是要限制網路的使用。

——雖然縣府希望能從縣外招募資通訊人才，並吸引企業到香川縣投資，但這項條例已經給香川縣貼上了「不懂網路和遊戲」的標籤。請問您不擔心這會對香川縣的形象造成負面影響嗎？

我不認為全國人民都是這樣看待香川縣的。

面對記者的追問，濱田縣長板著臉簡短地回答。這種畫面，在記者會上，並不少見。

濱田縣長出生於香川縣西部的觀音寺市，畢業於東京大學法學部，畢業後進入大藏省（現財務省）工作，曾擔任東海財務局局長、東京海關關長等職務。2010年辭去公職投入香川縣縣長選舉並成功當選，之後連任三屆。他在第二任期時推出了「烏龍縣不只有烏龍麵」的觀光宣傳活動，利用香川縣民自嘲「香川縣除了讚岐烏龍麵，就沒什麼好拿出來說嘴的了」的心態，邀請了香川縣出身的演員要潤先生拍攝了一系列的宣傳影片。其中最著名的就是由要潤飾演的副縣長在記者會上宣佈──香川縣將改名為「烏龍縣」的影片，成功引爆話題。不過，濱田縣長本人並不擅長這種誇張的表演方式，他在議會和記者會上的發言總給人一種四平八穩，甚至有點「無趣」的感覺。他和議會的關係一直都維持得不錯，從第一次以自民、公明、社民、民主，四黨共同推薦的候選人身分當選縣長後，就一直維持著所有政黨都支持的狀態，除了共產黨以外。

3月23日，也就是香川縣議會通過「網路．遊戲成癮對策條例」的隔天，濱田縣長在例行記者會上花了許多時間回答記者關於這項條例的問題。針對香川縣政府接下來的應對措施，他表示：「我們會充分考量條例內容，並與教育委員會等相關單位合作，推動有效的網路．遊戲成癮對策。此外，我們也會持續向中央提出要求，加強法律規範、完善醫療體系以應對成癮問題。」過程中他不時低頭，看著手上的講稿。

由於條例的制定過程不夠透明，且有許多反對聲音，因此，記者們繼續追問：

——關於公眾意見徵詢的部分，縣議會只公佈了贊成和反對的數量，並沒有公開詳細的內容。雖然有議員提出質疑，要求公開，但縣議會最後還是在沒有公開的情況下，就強行表決通過了條例。請問您認為這樣的制定過程能獲得縣民的理解和信任嗎？

關於公眾意見徵詢的處理方式，由於這是議員提案的條例，因此是由議會的研議委員會來進行判斷的。是否要公布意見徵詢的內容，也是由縣議會來做決定，我不方便評論。

地方自治團體採取的是「二元代表制」，也就是說，行政首長和議會議員都是由人民直接選舉產生的。對於這項由議員提案的條例，濱田縣長始終不願做出評價。

——請問，您對於這次條例的制定過程有什麼看法？

委員會的運作也是議會自治的一環，對於議會的運作我不方便多做評論。

——就如同其他媒體同業所提出的問題，這項條例無論是內容還是制定過程，都存在著許多疑點。請問，您認為這項條例真的完美無缺嗎？

對於條例的評價……特別是議員提案的條例，身為縣長，不應該隨意評論。

——那我換個方式問，請問您認為這項條例對香川縣來說，是「值得歡迎」的條例還是「令人困擾」的條例？

這也算是一種評價，所以我拒絕回答。

根據日本地方自治法的規定，如果地方自治團體的首長對於議會通過的條例或預算案有異議的話，可以行使「覆議權」，要求議會重新審議。但濱田縣長明確表示：「我不打算對這項條例行使覆議權。」

與此形成對比的是兩天後，高松市長在例行記者會上的發言。當大西秀人市長被問到，對於香川縣議會通過遊戲條例的看法時，他表示：「網路．遊戲成癮已成為國內外都相當重視的社會問題，香川縣率先制定條例希望能解決這個問題，我認為這件事是很有意義的。」但話鋒一轉，他說：

網路和遊戲其實也有很多優點，可以快速收集和傳遞資訊、提升學習效率，也可以作為休閒娛樂等等。但這項條例只著重在網路和遊戲的負面影響上，導致相關的討論過於片面，進而引發誤解。

此外，他也對於條例中的「使用時間限制」提出質疑：「條例中一刀切地規定使用時間是否妥當，這點我持保留意見。」對於研議委員會沒有公開會議內容的做法，他則直言：「如果能以更公開、透明的方式來進行討論，會比較好。」

大西市長和濱田縣長同樣都出身於官僚體系，都曾任職於總務省，但他卻願意針對條例及其制定過程表達出自己的看法。相比於濱田縣長在記者會上總是避重就輕不願正面回應，大西市長的態度讓我有些意外。

在遊戲條例草案公佈後，雖然有議員誇口說：「那些在網路上批評的人根本就不瞭解香川縣的狀況，我相信大部分的縣民都能理解這項條例的必要性。」但事實上縣內也出現了質疑的聲音，甚至還採取了具體行動。

罕見的律師公會會長聲明

在媒體報導涉同學將以「遊戲條例違憲」為由，向香川縣政府提起訴訟的兩天後，我從一位律師朋友那裡得到了一個消息。聽說香川縣律師公會即將發表會長聲明，針對遊戲條例表達立場。據說，律師公會內部的「兒童權利與法治教育委員會」已經擬好了聲明稿，目前正由「常務理事會」，也就是類似公司董事會的單位進行審議。

我上網查了香川縣律師公會在過去五年來所發表過的會長聲明，發現大多是針對國家層級的法案，例如：抗議執行死刑、反對修改安保條例、反對制定共謀罪等，幾乎沒有針對地方政府的條例發表過任何意見。因此，我認為這次的事件非同小可。

過去，律師公會發表會長聲明時，都是以傳真方式將聲明稿發送給媒體。和報社不一樣，電視台除了文字報導外還需要有畫面，因此，我們很少會報導律師公會的聲明。不過，這次的遊戲條例爭議不斷，我們認為有必要讓更多的人知道律師界的看法。

於是，除了向律師公會索取聲明稿外，也詢問他們是否願意召開記者會或是接受我們的採訪。我的律師朋友也幫忙遊說，希望能由會長親自向縣民說明立場。

然而，聲明的發表時間卻一再延後。律師朋友告訴我：「這種事情不到最後關頭都很難說。」畢竟，香川縣的律師大多都在地方上活動，和縣政府、縣議員的關係密切，很有可能會受到阻撓，導致聲明胎死腹中……正當我開始擔心這件事會不會不了了之時，5月25日，香川縣律師公會終於宣佈將在律師公會的會議室召開記者會。

出席記者會的包括今年4月才上任的會長德田陽一，以及參與聲明稿撰寫的「兒童權利與法治教育委員會」委員工藤由香里律師、植野剛律師。德田會長首先宣讀了聲明的主旨：

我們要求香川縣政府廢除《網路・遊戲成癮對策條例》，特別是立即刪除第18條第2款的規定。

條例的第18條第2款規定了遊戲和智慧型手機的使用時間，也是最具爭議的部分。沒想到律師公會竟然直接要求「廢除條例」，以及「立即刪除」特定條款，比我預期的還要強硬。他們不只將聲明稿寄給議長，還寄給每一位縣議員，可見他們是認真的。

聲明中列舉四點要求廢除《網路・遊戲成癮對策條例》及立即刪除第18條第2款的理由：①欠缺立法事實（制定條例的必要性）；②未充分考慮網路和遊戲的正面價值；③可能侵犯憲法第13條所保障的「個人自由」；④違反《兒童權利公約》第31條（遊戲權）和第12條（自由表達個人意見的權利）。

針對①「欠缺立法事實」，聲明中指出，其他都道府縣都沒有制定類似的條例，香川縣也沒有證據證明網路・遊戲成癮已經嚴重到需要立法規範的程度。此外，世界衛生組織雖然將「遊戲障礙」列為疾病，但並沒有將「網路成癮」列為疾病；而香川縣的條例卻將「網路・遊戲成癮」定義為疾病，不僅定義不清，也和國際標準不符。

德田會長強調：「我們認為最重要的是③，也就是有違憲之慮。」

孩子們要如何運用他們的休閒時間、家長要如何教育孩子，這都屬於憲法第13條所保障的個人自由，政府不該隨意干涉。

原本草案規定的時間限制，雖然在正式條文中改成了「家庭規則制定」，且條例本身也沒有罰則，但德田會長仍警告：「地方政府如果透過條例制定規範，就會讓縣民覺得必須遵守，進而影響每個家庭制定生活規範的自由。」此外，他也質疑香川縣政府並沒有提出任何科學證據證明限制遊戲時間，能有效解決網路．遊戲成癮的問題。每個家庭都不一樣，每個孩子也不同，沒有理由要求所有的孩子都遵守同一套標準。

在記者問答環節中，針對涉同學準備提起訴訟一事，德田會長表示：「我們是從媒體得知此消息的，和我們的聲明沒有任何關係，我們也沒有和他接觸。」他也否認律師公會會對香川縣政府提起訴訟。至於香川縣議會，德田會長則表示：「雖然要他們馬上廢除條例可能有點困難，但我希望他們能夠針對條例的內容、制定過程，以及意見徵詢過程是否有瑕疵，重新檢討。」他也表示，如果縣議會需要成立「第三方委員會」來調查此事的話，律師公會願意全力配合。

有記者提問，為什麼律師公會要等到條例通過後才發表聲明？

因為，一直到條例通過後，我們內部的討論才開始熱烈起來……

據瞭解，香川縣律師公會在一月條例草案公佈時就已經察覺到問題了，並提交了公眾意見書，但一直到四月條例上路後，律師公會才開始認真討論是否要採取行動。由於「兒童權利與法治教育委員會」的內部意見分歧，加上彙整意見也需要時間，因此才會拖到現在才發表聲明。

我們承認，如果能在條例通過前就發表聲明會比較好。但我們不能因為錯過了最佳時機，就對這項充滿問題的條例視而不見。身為法律專業團體，我們有責任站出來表達我們的立場。

相關性和因果關係

6月1日，濱田縣長在例行記者會上被問到關於律師公會的聲明有什麼看法時，他表示：「我認為這項條例並沒有違反憲法，或是其他的法律。」但對律師公會提出的具體質疑，則避而不答。

——律師公會認為即使只是「建議」，但如果是由政府透過條例來規範人民的生活，那就會侵害到人民的「個人自由」。

我並不認同這樣的說法。不過，對於律師公會提出的質疑我不便在這裡一一說明。總之，我認為這項條例並沒有侵害到人民的個人自由。

另一方面，香川縣議會則是在6月2日，以議長西川昭吾的名義在官網上發表了「對律師公會會長聲明的回應」，逐一反駁聲明中的四項批評。

針對「侵害個人自由」的質疑，香川縣議會反駁說，條例並沒有直接要求孩子必須遵守，也沒有禁止孩子做任何事情，因此，「完全沒有侵犯孩子的個人自由」。至於，條例是否限制了家長的權利，香川縣議會則強調，條例只是「努力義務」，並沒有強制性，也沒有任何罰則，對家長的限制非常小。如果比較條例所帶來的利益，以及對家長的限制，很明顯地是利大於弊，因此，這項條例絕對沒有違憲。

此外，香川縣議會也強調：「這項條例並不是要全盤否定網路和遊戲，也沒有要侵害兒童人權，或是過度干預家庭教育，更沒有違反憲法或其他法律，以及兒童權利公約。

因此，我們認為律師公會聲明中所提出的『廢除條例』及『刪除第18條第2款』的主張，並無正當理由。」

雖然律師公會的聲明措辭嚴厲，直指條例的問題，但議會的回應非但語句強硬，甚至還帶有攻擊性。其中最令我印象深刻的就是這段話：

如果家長毫無節制地允許孩子使用網路與遊戲，完全不履行對孩子的教育責任，那麼，發展尚未成熟的兒童將無限制地沉迷於遊戲等活動，這將對他們的智能與精神產生致命性的影響，進而危及學習所必須的基礎能力。這一點顯而易見。

什麼是對「智能與精神產生致命性的影響」？雖然香川縣議會言之鑿鑿，但卻沒有說明所謂的「傷害」是什麼，也沒有提出任何證據。此外，香川縣議會還搬出「可能會扼殺孩子的創造力和好奇心」、「可能會對孩子的身心造成傷害」等比條例前言還要誇張的說法，來強調長時間玩遊戲的「負面影響」。據議會事務局表示，這份回應是由西川議長自行決定發布的，並沒有和其他議員討論過。甚至有議員表示：「我是看新聞，才知道有這份文件的」。也就是說，香川縣議會竟然在沒有取得內部共識的情況下就擅自發表聲明，反駁律師公會的意見。

此外，香川縣議會在這份回應的附件中還放了幾份參考文件，其中一份是「智慧型手機等電子設備的使用時間與平均答對率的關係」圖表，數據來源為２０１８年度香川縣教育委員會的「學習狀況調查」。他們將小學五年級到國中二年級學生每天使用手機的時間，與考試的平均答對率做成折線圖。結果顯示，不論哪個年級都是「使用時間，一小時以下」的學生的平均答對率最高，隨著使用時間的增加「一～兩小時」、「兩～三小時」、「三～四小時」、「四小時以上」，平均答對率也跟著下降，呈現「使用時間越長，成績越差」的趨勢。這份圖表也被香川縣議會當作制定「建議每天的遊戲時間不超過60分鐘」的依據之一。

大阪大學的兼任講師井出草平認為，香川縣議會用這份數據來證明網路．遊戲成癮的危害，是「錯誤的」。井出老師專精於社會學和精神醫學，對於家裡蹲等社會問題有深入的研究。他從２０１９年12月就開始關注香川縣議會制定遊戲條例的新聞，並在自己的部落格上發表文章，提出質疑。２０２０年1月，他也受邀參加了由「內容文化研究會」舉辦的「遊戲條例學習會」，擔任講師。

井出老師，指出：「相關性和因果關係，是不同的。」

即使圖表顯示出相似的變化趨勢，例如：一方上升時另一方也跟著上升，這並不代表前者就是後者的「原因」。

很多人會直覺地認為，手機和遊戲玩太多會導致成績變差，因為玩遊戲會佔用讀書的時間。但也有可能是「反向因果關係」，例如：因為課業壓力太大，所以只能靠玩遊戲來紓壓。

此外，還有一種情況叫做偽相關（Spurious Correlation）。井出老師舉例說：「菸灰缸的銷售量和肺癌的發生率呈現正相關，也就是說，買越多菸灰缸的人罹患肺癌的機率就越高。但這並不代表「買菸灰缸」這件事會導致肺癌，而是因為他們都有「抽菸」這個共同的行為。

也就是說，「長時間使用手機和玩遊戲」和「成績變差」這兩件事，也可能是因為其他的「共同因素」所導致的。

香川縣教育委員會的學習狀況調查除了調查學生使用手機和平板電腦的時間外，也調查了其他項目，例如：你每天都有吃早餐嗎？你遇到鄰居時會打招呼嗎？等等。結果發現，這些問題的統計圖表與使用時間與平均答對率的關係非常相似。井出老師認為：「認真讀書的孩子通常比較會乖乖吃早餐、主動幫助別人、跟鄰居問好。與其說網路會影響學業，不如說是『家庭教育』影響了孩子的學習態度，以及生活習慣。」

最後，井出老師直言批評：「香川縣議會在幾乎沒有任何科學根據的情況下，就根據這些充滿疑點的資料制定條例，實在是非常不應該。」

成癮防治學習單

條例施行後，儘管外界對其內容和制定過程的質疑聲浪不斷，但香川縣政府和教育委員會仍持續在醫療、教育等領域推動網路・遊戲成癮防治對策。因此，我們有必要持續關注條例的實際運作情況。

首先浮上檯面的是「網路・遊戲成癮防治學習單」。學習單的目的在於協助兒童、學生與家長針對網路和遊戲的妥善使用方法進行討論。該計畫成了香川縣教育委員會在2020年度的新專案，為此還編列了90萬日圓的預算，並於7月發放給全縣約9萬名公私立中小學生與國中生。學習單為A4大小，四色印刷分三個版本：小學低年級（1～

3年級）、小學高年級（4～6年級）及國中生版。

以小學高年級版本為例，首先讓學生以不同顏色標記每天使用網路和遊戲的時間，藉此掌握自身的使用時間帶。接著，讓學生針對「希望延長網路和遊戲的使用時間」、「曾經為了隱瞞自己過度使用網路和遊戲而對家人或老師說謊」等5個問題，以「是／否」的方式回答，藉此診斷自身的「成癮程度」。

學習單的第2頁則引導學生思考：為什麼會長時間使用網路或遊戲？該如何改善？學生需記錄自己的想法，並與同學交流。這項課程通常會在學校授課時進行，之後學生會將學習單帶回家與家長討論，共同制定「家庭規範」。

為了實際瞭解學校運用學習單的情況，我們前往高松市立鹽江小學進行採訪。鹽江小學是一所全校僅66人的山區小型學校，四周綠意盎然，給人一種與網路・遊戲成癮相去甚遠的印象。然而，校長長谷川繪里表示，由於山區住家分散，放學後學生大多各自在家度過漫長的時光。智慧型手機及遊戲不僅是都市孩童不可或缺的一部分，對偏鄉的孩童來說也是如此。

這次的採訪日期是2020年8月20日。由於新冠疫情導致學校停課，為了補足授課時數，縮短了該年度的暑假。當天正好是新學期的開始。六年級導師渡邊一紀在開學典禮後，於教室黑板上寫下「回顧暑假期間的網路和遊戲使用方法」幾個大字。這個班級在暑假開始前，已經透過學習單完成相關課程，並將「制定家庭規範並實踐」作為暑假作業。

從「我家的規範」欄中可以發現，大部分學生所制定的都與時間有關，例如：晚上8點後就停止使用、一天只能使用30分鐘等等。而「違反規範時的處罰」欄位則出現「隔天禁止使用」、「沒收」、「禁止使用兩週」等內容。渡邊老師詢問學生：「請回想一下自己的規範，有沒有實際執行後覺得很有幫助的呢？」

我以前都會一直滑平板到晚上10點左右，自從改成9點前就停止使用後，每天的睡覺時間都變早了，覺得這樣很好。

因為有規定遊戲時間，寫作業的時間變多了，讓我可以多做些預習和複習。

學習單上也設計了自我評估遵守情況的欄位，標準分為3級：花朵（做得很好）、圓形（做到了）、三角形（再加油）。在本班的15名學生中，連續3週獲得花朵的學生只有1人，獲得2個花朵的有6人，獲得1個花朵的有4人。渡邊老師坦言：「因為暑假期間沒有老師的監督，我原本以為會有更多人無法遵守規範，但結果比我預期的要好。」此外，他也分享了自己對這份學習單的看法：

> 有教育委員會提供這樣的學習單，對我們老師來說確實比較容易指導。透過長條圖，學生們可以清楚看到自己最常使用的是哪些時段。再加上問卷與心得撰寫，讓孩子不會覺得太無聊，應該能持續參與。

由於是電視台的採訪，學生及教師的回答難免會受到「必須謹慎回答」的心理影響，因此，必須謹慎解讀。儘管如此，學習單確實具有一定的效果。然而，學習單所記載的內容也引發了外界的批判聲浪。

3個版本的學習單在第3頁都附有參考資料，雖然小學低年級版的內容較為簡略，但小學高年級版及國中生版的卻完全相同，內容包含：①香川縣民眾的每日媒體使用時間、②過度使用網路和遊戲造成的影響、③導致長時間使用網路和遊戲的因素等項目。這些資料以圖表搭配插圖呈現。然而，部分人士質疑這些內容缺乏科學根據，其可信度值得商榷。

8月21日，內容文化研究會舉辦了一場由大阪大學兼任講師井出草平主講的網路·遊戲成癮症對策線上研討會，會中也談到了香川縣的學習單。井出講師先前曾針對用來佐證條例「每日60分鐘」使用上限的「智慧型手機等裝置使用時間與正確率之關係」折線圖提出質疑，認為「兩者之間雖然存在相關性，但無法證明其中有著因果關係」。然而，這張圖表卻被刊登在學習單上，甚至還出現一位博士模樣的漫畫人物，搭配「使用時間1小時以內的學生，正確率最高呢！」的對話框。

井出老師在研討會中特別針對「對腦部的影響」這項參考資料提出質疑（131頁）。學習單中有張將部分腦部區域塗成紅色的插圖，並搭配「遊戲成癮者的腦部在掌管情緒及思考的區域（紅色）會縮小，推測可能是長時間玩遊戲導致腦部萎縮」的說明。資料來源標註為：Yao et al. Neurosci Biobehav Rev, 2017。這是1篇探討網路·遊戲障礙的腦部造影研究論文。井出老師在閱讀原文論文後發現，學習單上的說明文字前半部雖然與論文的內容相符，但後半部並未出現在論文中。雖然論文指出遊戲成癮者的腦部「灰質」較小（意味神經細胞的數量較少），但並未說造成此現象的原因是遊戲。學術界對兩者之間是否存在因果關係也尚未有定論。

井出老師進一步說明，關於灰質減少的原因，必須考慮3種可能性。第一種，如同香川縣學習單所說的，是玩遊戲導致神經細胞遭到破壞（因果關係）。第二種是特定腦部區域的神經細胞數天生就比較少的人，容易成為遊戲成癮者（逆向因果關係）。第三種則是併發精神疾病導致神經細胞遭到破壞，例如注意力不足過動症（ADHD）、憂鬱症等等（第三種可能＝偽相關）。井出老師指出：引用的論文原本重點在於，除了強調遊戲時間過長這種「行為上的改變」，還指出大腦中可能出現「神經層面的異常變化」。但香川縣的學習單卻擷取論文中的圖像，將內容扭曲成「過度遊戲導致大腦萎縮」，這種說法已經背離原意。

不僅如此，論文中的圖片是以「藍色」來標示受影響的腦區，但學習單卻將其改成「紅色」。

雖然只是我的猜測，但或許是因為紅色看起來更嚴重、更危險吧？我當時忍不住這麼想。這樣的手法讓人覺得像是在進行某種印象操作。

井出老師在研討會最後總結道：「不僅僅是遊戲時間的規範問題，更嚴重的是，這種『偽科學』正滲透到學校教育中，這才是真正可怕的事情。」

参考❶ 香川県の平日1日のメディア利用の時間

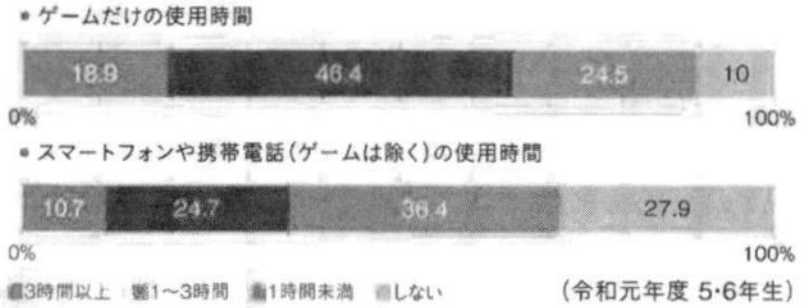

（令和元年度 5·6年生）

みなさん！知っていますか？

「さぬきっ子の約束」

❶ 家の人と決めた使用ルールを守ります。
❷ 自分も他の人も傷つけない使い方をします。
❸ 夜9時までには使用を止めます。

香川県教育委員会·香川県PTA連絡協議会（H27.2作成）

参考❷ ネット·ゲームの使いすぎによる影響

ゲーム障害（ゲーム依存症）とは

世界保健機関（WHO）が認定した国際疾病（2019）

- ゲームに関する行動がコントロールできなくなる
- ゲーム優先の生活となり、それ以外の楽しみや日常生活に使う時間が減る
- 明らかな問題が起きているにもかかわらずゲームを続ける
- 社会生活や日常生活に重大な支障がある

※Q2の項目が多いほどゲーム障害の疑いがあります

【 脳への影響 】

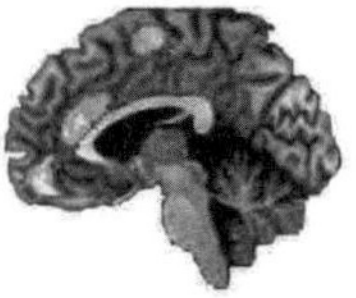

ゲームに依存している人の脳では、感情や思考を司る赤色の部分の体積が小さくなっている。過剰なゲームにより萎縮したと考えられる。

Yao et al. Neurosci Biobehav Rev, 2017. より

【 スマホ等の利用時間と正答率との関係 】（ゲームは除く）

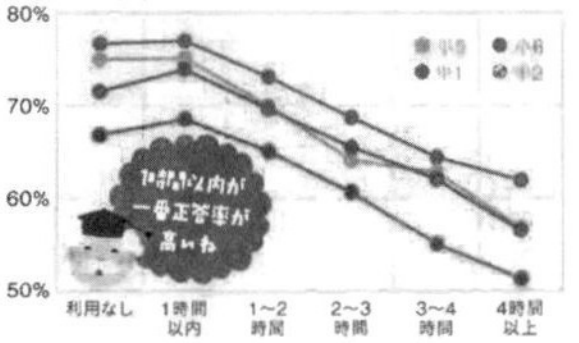

令和元年度 香川県学習状況調査より

身体面の影響 例	生活面の影響 例
・視力が低下する	・食事や睡眠が不規則になる
・体力が低下する	・遅刻や欠席が増える
・姿勢が悪くなる（ストレートネック、背骨の歪み）	・家族と過ごす時間が減少する
・睡眠不足により、疲れやすくなる	・暴力を振るったり、物に当たったりしてしまう
・頭痛	・多額の課金をするようになってしまう

参考❸ ネット·ゲームを長く使用してしまう要因

ゲームの要因	個人の要因	環境の要因
・自分が主人公になれる	・のめり込みやすい性格	・1人の時間が長い
・チーム内で自分の役割がある	・現実の生活に悩みがある	・特定のゲームが流行する
・頻繁にアップデートされる	・計画的に行動するのが苦手	・友だちとの話題が増える
・競争をあおられる	・はっきりとした結果を求める	・家族がネット·ゲームに肯定的である
・イベントが開催される	・心がどこかすっきりしない	
・ゲーム仲間とつながり、称賛がある		

要因がたくさんあるんだね

やめられないもう1つの要因

ゲーム等をして快楽を感じると脳内に大量のドーパミンが出ます。毎日ドーパミンが出ると脳は段々感じにくくなり、より長い時間ゲームをしないと満足できなくなるので、時間のコントロールが難しくなります。

摘自香川縣教育委員會製作的「網路·遊戲成癮防治學習單」。

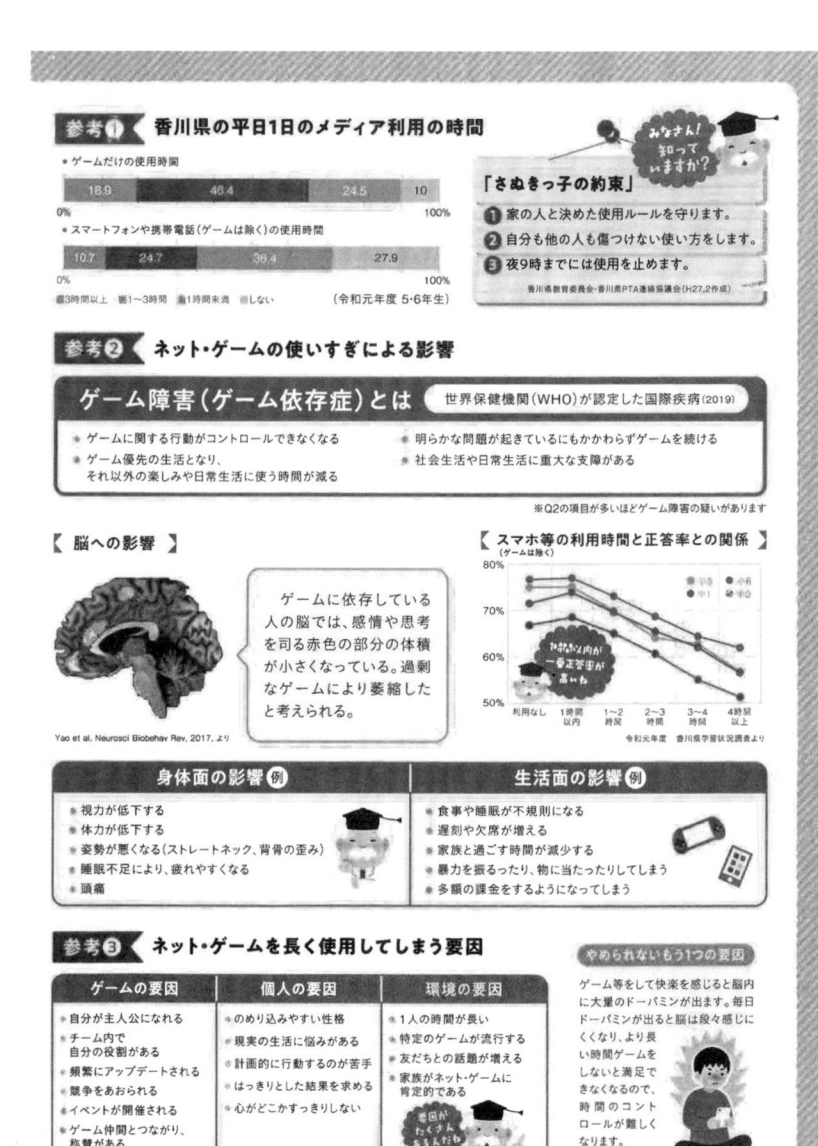

過度使用智慧型手機看似會導致成績下滑的圖表、宣稱過度遊玩遊戲會導致腦部萎縮的插圖……儘管因果關係尚不明確，這份學習單給人的感覺更像是在強調網路和遊戲的「負面影響」。我們在例行記者會上針對學習單的內容，詢問了負責製作的香川縣教育委員會教育長工代祐司。

——有些人質疑學習單的科學根據「不夠充分」，但學習單的內容卻又寫得十分肯定，對此，請問教育長對於學習單的內容有什麼想法？

學習單的資料都是在醫生及大學教授的監督和建議下完成的。以智慧型手機使用時間與正確率之關係為例，這項資料是本縣調查後所得出的「結果」，並非主張「因此會造成遊戲成癮」。我們認為這項資料值得參考，因此將其納入學習單中。至於對腦部的影響……嗯……

工代教育長一度語塞，並將目光投向負責的義務教育課長。課長原田智接過麥克風代替教育長回答。

這部分的內容也是參考醫生等專家的意見後撰寫的。我們並非想斷言「一定會造成這樣的影響」，而是希望兒童及學生將學習單內容視為妥善使用網路和遊戲的範例，並請教師依此標準來進行指導。

——但從學習單的內容來看，完全無法感受到你們想傳達的訊息。學習單上也沒有任何註解。請問學習單是以教師指導為前提製作的嗎？工代教育長再次回答問題。

教師在教學時，應該也會跟學生說「有這樣的例子」、「有人是這麼說的」，畢竟這個世界上本來就有各式各樣的說法……但我認為教師不會斷言「網路和遊戲會導致腦部特定區域受損」，我們也不會要求教師進行這樣的指導。

此外，香川縣教育委員會也製作了一份兩頁A4大小的教學指南，教導教師如何在課堂上運用學習單。文件詳細記載教師可以對兒童及學生提出的問題範例、注意事項和課程的時間分配等等，但對外界質疑的參考資料，文件僅寫道：

請教師根據實際情況，運用「對腦部的影響」等參考資料，補充說明以下內容：

- 過度使用網路和遊戲，可能會導致部分腦部區域縮小。
- 妥善控制自身慾望、將使用時間控制在1小時以內的學生，正確率最高。
- 使用時間超過1小時後，正確率會大幅下降。

文件中雖然在說明腦部影響時，使用了「可能會」導致部分腦部區域縮小，而非「一定會」，但卻沒有加上「學術界對因果關係尚未有定論」等的註解。那麼，學校又是如何運用這些參考資料的呢？我們實際詢問了高松市立鹽江小學校長西川健男。

我們沒有辦法驗證學習單的內容是否具有科學根據，但我們會告訴學生這些內容是大人們的普遍認知。以對腦部的影響為例，雖然年紀較小的學生可能難以理解，但我們會以淺顯易懂的方式引導學生將學習單的內容與日常生活相連結，例如：長時間使用網路和遊戲容易出現注意力不集中、忘記帶東西等現象。

參與學習單製作的香川縣教育委員會義務教育課負責人，在接受採訪時表示：「由於版面有限，參考資料難以加入詳細的註解。」他也強調，文件中也要求教師向學生說明網路和遊戲的優點，例如：激發想像力、可提升認知能力及判斷力等等。因此，學習單並非想讓學生產生網路和遊戲「有害」的負面印象。最後，他也表示：「我們會彙整各界對學習單所提出的意見，並運用在未來的改進上。」

提出「違憲訴訟」

2020年9月30日下午3點多，高松地方法院前陸續聚集了電視台及報社的記者和攝影師。記者們邊注意不要妨礙到人行道上的通行，邊開始架設三腳架、搬來梯子，準備卡位拍攝。

當天的主角比預定的時間早約10分鐘現身。他是來自高松市的高中三年級學生涉同學。涉同學主張遊戲條例「違憲」，並於當天向高松地方法院提出訴訟，要求香川縣政府賠償損失。他先前曾向媒體透露，預計將在下午3點半放學後，與委任律師一同前往法院遞交訴狀。發現身穿西裝而非高中制服的涉同學後，我們立刻上前採訪。

——終於到了這一天，心情如何？

是啊。我從昨天晚上就一直很緊張，幾乎沒辦法睡覺。看到現場來了這麼多的媒體記者，我才真正感受到這場訴訟受到多麼大的關注。

涉同學在1月發起連署活動，號召全國民眾共同反對遊戲條例，並將連署書遞交給香川縣政府。3月，香川縣議會通過遊戲條例草案後，涉同學決定對香川縣政府提起民事訴訟，並於5月接受媒體採訪，表達他對訴訟的決心。當專訪內容登上全國新聞後，隨即引起廣泛關注。儘管當時涉同學已經找到願意協助的委任律師，訴狀的架構也大致底定，但實際提出訴訟卻又多準備了4個多月，原因有二：

第一，原告打算在訴訟中主張，遊戲條例不僅違憲，香川縣議會怠於廢除或修改明顯違憲的條例，此舉已構成「立法不作為」。因此，未選擇在條例施行後立刻提起訴訟，而是刻意等待約半年的時間。

第二，涉同學發起了網路募款，希望透過群眾募資的方式來籌措訴訟費用。包括律師費用，及委託專家撰寫訴狀意見書的費用。令人驚訝的是，這項活動在6月19日至8月22日的短短2個月內，便成功募集到來自1千844人，總金額高達612萬1千500日圓的贊助。不僅遠遠超過原本設定的500萬日圓的目標，更在短短12天內就成功達標。就連涉同學本人，也對這樣的結果感到相當意外。涉同學坦言他一開始對於「是否應該為了自己的官司，接受他人金錢上的援助」其實很猶豫。網路上的確也出現批評的聲浪，但支持他的訊息卻遠遠多過負面批評。贊助者不僅來自香川縣，更遍布日本全國，年齡層以20～30歲為主，甚至還有與涉同學同世代的青少年。

雖然也收到一些惡意的中傷訊息，但大部分的人還是希望我能贏得這場官司，這也讓我認為自己絕對不能輸，激勵我積極迎戰。雖然確實感受到不小的壓力，但一想到有這麼多的人在背後支持我，就覺得充滿力量，壓力也隨之消散了。

訴訟代理人作花知志律師搭乘ＪＲ，穿過瀨戶大橋抵達香川縣後，與涉同學一同走進高松地方法院，記者們紛紛按下快門，記錄下這一刻。作花律師隸屬於岡山縣律師公會，曾擔任女性再婚禁止期間違憲訴訟的原告代理人，是一位相當熟悉憲法及人權議題的律師。遊戲條例通過後，涉同學在「律師新聞網」的網站上讀到一篇作花律師質疑遊戲條例違憲的專訪，認為「這位律師或許願意接下我的案子」，便主動聯繫律師事務所，並親自前往拜訪。最終確定由他擔任本案的代理人。

涉同學與作花律師在向地方法院遞交訴狀後，前往法院附近一棟大樓的會議室開記者會。記者會一開始，涉同學便拿起麥克風發表聲明。

我認為這項條例過度介入家庭內部的決定。遊戲時間應該由每個家庭自行決定，不應該由政府插手干預。雖然很多人問我「有沒有信心贏得這場官司」，但我認為沒有人會在沒有勝算的情況下提起訴訟。我會全力以赴，贏得這場官司。謝謝大家。

說完，涉同學深深鞠了一躬。

接著，作花律師開始說明訴訟內容。這場訴訟是由涉同學與母親一同擔任原告，並向被告香川縣政府求償160萬日圓。訴狀主張「遊戲條例違反日本憲法，屬於違法條例，對原告造成極大的精神痛苦」。

根據訴狀內容，原告主張遊戲條例違憲的理由有3點。第一，違反日本憲法第21條及第31條所規範的「明確性原則」。若法律條文規定不明確，人民便無法清楚判斷哪些行為是允許的、哪些是不被允許的，進而產生寒蟬效應，或導致人民因誤解條文內容而蒙受不利益。作花律師主張：「首先，條例名稱中的『網路．遊戲成癮症』本身是否屬於醫學上確實存在的疾病，就已經是一個很大的問題。此外，這項條例還有許多不夠明確的地方，已違反明確性原則。」

第二點，違反憲法第94條「地方公共團體僅得在法律範圍內制定條例」的規定。

2020年2月，也就是在條例制定前，日本維新會參議員音喜多駿曾提出質詢書，詢問政府對於香川縣網路．遊戲成癮症對策條例草案的看法。政府在回覆的答辯書中表示：「本政府並不清楚限制遊戲時間是否有助於預防遊戲成癮，也尚未掌握相關的科學證據」。作花律師表示：

> 至少就現階段而言，日本政府並沒有制定任何法律來限制遊戲時間以預防遊戲成癮。既然日本政府都沒有制定相關法律，香川縣政府憑什麼單獨制定條例來規範人民呢？這就是憲法第94條所探討的問題。

第三點，網路．遊戲成癮症對策缺乏科學根據，條例制定的「立法目的」不具正當性。即使立法目的具正當性，條例內容也不應該過度限制原告的基本人權。作花律師主張，香川縣政府制定的遊戲條例侵害了憲法第13條保障的「幸福追求權」及「自我決定權」，例如涉同學原本可以自由決定如何運用家庭內的休閒娛樂時間、享受電子競技（eSports）的樂趣；條例也侵犯了母親作為監護人，自主決定孩子遊戲時間的權利。

此外，訴狀中也提到，自4月條例施行後，由於新冠疫情導致學校停課、政府呼籲民眾減少外出，人們透過網路進行交流的需求隨之增加。在這種情況下，條例卻對遊戲與網路的使用時間施加限制，這與現實需求背道而馳。

稍後，在提問環節中，有記者詢問涉同學究竟遭受到哪些具體的「權利侵害」、條例制定後對他造成了哪些不利益。這個問題預計也會成為法庭上的攻防重點。

條例制定後，我跟媽媽討論了網路和遊戲的使用方法，雖然條例中沒有強制力或罰則，但我們還是決定要遵守條例的規定。我平常會打工到晚上10點，下班後原本還想玩遊戲、上網，但現在完全沒辦法這麼做了。我認為都是因為香川縣制定了遊戲條例，才會讓我陷入現在這種處境。

談到對判決結果的期待時，涉同學表示：「我希望法院能判決遊戲條例違憲，並要求香川縣議會重新檢討條例內容，廢除條例或朝更好的方向修改。」

作花律師也提到了這場官司可能造成的「全國性影響」。事實上，秋田縣大館市教育委員會也曾計畫制定針對中小學生的「網路．遊戲成癮症對策條例」。大館市教育委員會起初所擬定的條例草案內容，與香川縣的遊戲條例十分相似，例如：原則上，學生在平日使用線上遊戲的時間不得超過60分鐘」。但當媒體於5月報導香川縣有高中生準備對遊戲條例提起違憲訴訟後，大館市教育委員會便宣佈「暫緩」條例的制定。

像這種問題重重的條例真的可以任其在全國蔓延嗎？我希望法院能做出具有指標性意義的判決，提供秋田縣等地方在未來制定類似條例時的依據。

由於縣議會開議期間，縣長例行記者會將暫停舉行，因此10月12日的記者會便成為媒體在涉同學提出訴訟後，首次有機會針對此事詢問濱田縣長的意見。面對記者的提問，作為「被告」的濱田縣長表示：「由於我方目前尚未收到訴狀，對具體的內容並不知情，待收到訴狀並確認訴訟內容後，本縣政府將研議後續的處理方針。」這段回答與濱田縣長在訴訟當天以書面發表的聲明完全相同。此外，濱田縣長補充道：「本縣政府認為，遊戲條例的內容並未違反日本憲法或其他的法律規定，將持續努力讓縣民更加瞭解條例的制定目的，也就是保護縣民免於網路．遊戲成癮的危害」。

儘管這番回答可說是相當制式的官方說法，但條例制定過程中，早已引發諸多質疑，如今還遭縣民一狀告上法院，且原告還是一位高中生。對此，濱田縣長是如何看待此事呢？

訴訟是否困難，或是正好相反，我認為難以輕易下結論。至於高中生提起訴訟一事，我認為應該依法處理，而不該因提告者的身分而有所不同。

我們試著從另一個角度來提問。

——您剛才提到縣政府會持續努力，讓縣民更加瞭解條例的制定目的，請問您認為目前縣民對遊戲條例的制定目的仍不夠瞭解嗎？

我並沒有要評斷縣民對條例的理解程度，但我認為縣政府的確有必要加強宣導。我們推動這項政策的時間還不長，未來也會持續努力。

從遊戲條例制定前到制定後，外界的批評和質疑始終沒有停歇。對此，積極推動條例的縣議員和縣長似乎都認為這是因為「外界對條例的制定目的還不夠瞭解」，換句話說是外界「誤解了條例的用意」。

然而，雙方之間的認知落差，卻又沒有縮小的跡象。

涉同學在提出訴訟當天的記者會上，也談到了他最想透過這場官司表達的想法，他是如此回答的：

香川縣政府所制定的遊戲條例彷彿是在告訴大家——遊戲是有害的；但我想透過這場訴訟告訴大家——遊戲並沒有那麼糟。

第4章 遊戲真的是「壞蛋」嗎？

遊戲製作者是如何看待條例的

我10幾歲的時，如果不是因為迷上了遊戲和電影，我可能很難熬過那段日子。幸好我父母從來不曾沒收過我的遊戲，或禁止我看電影。如果當時沒有這些東西的陪伴，我可能也找不到活下去的動力。

在採訪這位知名遊戲製作人的過程中，他突然說出這些「攸關生死」的話語，讓我當場愣住，寫著筆記的手也不禁停了下來。

我一直很想瞭解遊戲業界的創作者們，對於香川縣政府制定的遊戲條例有什麼樣的看法。

遊戲條例第11條規定，網路・遊戲相關業者應針對明顯煽情、過度渲染暴力或容易使人成癮的付費機制，進而危害兒童福祉的內容，努力進行自主規範。雖然香川縣議會強調，條例的規範對象僅限於網路・遊戲相關業者，且僅要求業者進行自主規範，並未侵害業者的表達自由或經濟活動自由。但條文的用字遣詞仍然相當強烈，透露著對遊戲的厭惡，或者說，對遊戲流露出強烈的警戒感。且條文內容突然提到「煽情」及「暴力」這二個與遊戲成癮的關聯性尚未明確的字眼，也讓人感到相當突兀。

自草案公佈以來，網路上便出現許多來自遊戲業界的意見。香川縣政府開放縣民及網路・遊戲相關業者（根據條例第11條規範），針對遊戲條例的草案提出意見，最終共計收到來自71個個人及團體的意見。

瀏覽這些意見時，我發現除了反對將遊戲污名化外，也有許多未夾雜太多個人情緒、冷靜分析條例的意見。其中有兩位遊戲創作者的觀點讓我耳目一新，也讓我開始反思自己過去的想法。

第一位是遊戲製作人米光一成先生。米光先生是家喻戶曉的益智遊戲《魔法氣泡》（ぷよぷよ）的製作人，負責遊戲的監督、腳本及企劃，被譽為《魔法氣泡》的「生父」。

除了電子遊戲外，也參與設計《發出「哈」的遊戲》（はぁって言うゲーム）等桌遊，並在數位好萊塢大學擔任教授。

2020年4月8日，也就是條例開始施行那一天，米光先生在網路新聞《Quick Japan Web》發表了題為《香川縣遊戲規範條例：靠人數優勢強行推動的惡夢》的文章。文章除了介紹遊戲條例的理念和通過的過程外，更批評香川縣議會未理解遊戲的正面價值，便試圖加以限制，並對此提出警示。文章中一段話，我印象特別深刻：

「遊戲」既不邪惡，也不偉大。
遊戲就像菜刀一樣，端看你如何使用，
可能成為有益的工具，也可能成為傷人的兇器。
遊戲製作人應該認真思考如何避免造成負面影響，
並積極尋求其他領域專家的協助。
我最擔心的是有人會粗暴地斷言玩遊戲是有害的，
並因這種輕率的想法而傷害到那些熱愛遊戲的孩子。

我主動聯繫米光先生並與他進行線上訪談。訪談一開始，米光先生便針對香川縣政府希望透過條例防治的「網路・遊戲成癮症」，應該分成兩種情況來討論。

> 孩子喜愛遊戲，沉浸其中，讓家長覺得怎麼一直在玩？如果能花點時間讀書就好了，這種擔憂我完全理解。但如果把家長的這種擔心與「已經嚴重影響生活，連當事人自己想戒但卻戒不掉」的狀況混為一談，那只會讓事情變得複雜。

米光先生認為，我們確實應該幫助那些需要幫助的人，但香川縣政府所制定的遊戲條例，看起來比較像是為了規範那些讓父母擔心的孩子。

所謂的「遊戲成癮」是２０１９年，世界衛生組織將遊戲障礙（Gaming Disorder）列入最新版的國際疾病與相關健康問題統計分類（ＩＣＤ-11）後，才開始受到關注的。然而，ＩＣＤ-11也將Hazardous Gaming（暫譯：危險玩法）」列為除外項目，要求各界應該區分兩者的差異。

「危險玩法」並非「障礙」或「疾病」，而是與健康行為相關的問題，與缺乏運動、飲食習慣不良等問題並列。香川縣政府在討論「網路・遊戲成癮對策」時，並未清楚區分兩者，而是模糊地將「遊戲障礙」與「危險玩法」混為一談，其合理性令人質疑。

我比較好奇的是為什麼香川縣政府要如此積極地推動這項條例？真正的目的究竟是什麼？米光先生突然反問我，讓我一時之間不知該如何回答。只見米光先生繼續說道：

孩子一直玩遊戲，都不好好讀書、孩子玩遊戲玩到半夜，早上都叫不起來、只要遊戲機被沒收，孩子就會大發脾氣……我認為，香川縣政府之所以會執意推動遊戲條例，就是為了迎合父母的焦慮和不安，以便獲得廣泛的支持。

然而，香川縣政府的做法卻給人刻意誇大問題嚴重性的感覺，藉此煽動情緒，以此來推動政策，這讓我相當憂心。如果放任這種情況，未來可能會出現為了預防購物成癮，規定每人每天的購物金額不得超過2萬日圓；或是為了避免親子關係疏離、破壞親子間的信任感，而禁止父母將孩子送往托嬰中心等荒謬的政策。我真的很擔心未來會出現各種利用民眾的焦慮，來禁止各種行為的政策。

——政府該做的不是「禁止」，而是想辦法「幫助」那些感到焦慮的人們，對吧？

沒錯。我想一定會有孩子因為條例禁止玩遊戲而感到難過。如果我小時候住在香川縣，我一定也會偷偷玩遊戲，畢竟條例又不具備強制力。但我認為，孩子在玩遊戲時心裡難免會產生罪惡感，心情也會受到影響……

說到這裡，米光先生把話題帶回他十幾歲時的親身經歷，也就是本章開頭所分享的自身經歷。

10幾歲時，我看了《星際大戰》首部曲後就決定一定要活著看到三部曲；當時的《淘金者》（ロードランナー）這款遊戲，也讓我體會到遊戲的樂趣，並相信遊戲會變得越來越有趣。遊戲和電影成了支撐我活下去的力量。我不希望這樣的體驗被轉變成『罪惡感』。

我採訪的第二位遊戲創作者是岩本翔先生。岩本先生是一位自由接案的聲音程式設計師，邊在遊戲公司工作，邊獨立開發遊戲。在史克威爾艾尼克斯（Square Enix）工作期間，參與開發的互動式音樂控制系統被應用在《Final Fantasy 15》（以下簡稱FF15）等遊戲中，並於2017年獲得遊戲開發者大會聲音項目的提名，備受肯定。

所謂的互動，指的是「互相影響」或「雙向交流」的意思。遊戲中的互動音樂指的是可以根據玩家的操作或遊戲進度，動態改變背景音樂。舉例來說，在FF15中，當玩家騎著陸行鳥（一種外型類似鴕鳥的虛構生物）前進時，就會播放以長笛為主的背景音樂；快速奔跑的話，則會改成以小提琴為主、加入打擊樂器的動感音樂。我曾經讀過一篇由岩本先生撰寫的專欄，文中提到為了讓玩家沉浸在遊戲世界中，遊戲設計師會在許多玩家可能不會注意到的細節上，投入許多心力。

2020年1月17日及23日，也就是香川縣政府公佈遊戲條例草案後不久，岩本先生便在網路平台《note》上接連發表兩篇文章，分析條例帶來的問題。岩本先生認為外界對於遊戲的討論，大多過於簡略且粗糙，因此決定在文章中，針對遊戲條例的爭議點進行詳細的說明。內容極具啟發性。我主動聯繫岩本先生希望能進行線上訪談；然而，岩本先生卻表示希望以更加精準的方式來表達自己的想法，因此婉拒了線上訪談的邀約，並表示願意以電子郵件的方式來回答我的問題。在接下來的內容中，我會將岩本先生的回覆以楷書字體來呈現，其他部分則適度加入摘要或補充，方便讀者理解。

首先詢問岩本先生，身為遊戲設計師的他對於「成癮」這樣的問題有什麼看法。過去的電腦遊戲大多是在破關後就結束了。但隨著線上遊戲的興起，釋出新內容、新活動或新道具、連續登入可獲得獎勵等，讓遊戲變得更容易成癮了。請問遊戲設計師在設計遊戲時，是否會將「盡可能讓玩家沉迷於遊戲」列為遊戲的設計重點？

對於我的問題，岩本先生表示，他並不想讓玩家一味地沉迷於遊戲。

「沉迷」這個詞，給人「無法擺脫」的感覺。然而，實際上，每個人都一定有感到厭倦的一天。遊戲成癮與毒品成癮在本質上完全不同。雖然我們常聽說「我最近迷上那款遊戲」，但多數情況下，這是指玩家在破關前或是在與朋友競爭時，會全心全意投入遊戲中，享受遊戲帶來的樂趣，是種有限時間內的特殊體驗。無論多麼有趣、多麼喜歡，遊戲終究會有玩膩的一天。

即便是我自己在製作遊戲時，也很難讓玩家在沒有任何說明的情況下，僅僅玩幾分鐘甚至幾秒鐘就能繼續玩下去，並理解遊戲的機制。在竭盡全力後，如果玩家能像自己所設想的那樣操作遊戲，那是種與玩家心靈相通的感覺，會讓我十分感動。

所謂的「讓人無法自拔的遊戲」，那只是未製作過遊戲的人的幻想。一般來說，玩家喜歡一款遊戲的時間頂多是從開始玩到破關為止的數小時到數十小時，長一點的也不過延續到續作或下次更新問世前。我認為遊戲製作者最重視的並不是「讓人沉迷」，而是如何讓玩家在遊玩的過程中留下深刻的印象，或從中獲得感動。

岩本先生既是遊戲製作者，也是一名玩家。尤其熱衷於對戰型動作射擊遊戲《漆彈大作戰》系列，累計遊玩時間將近四千小時。他坦言，自己曾一度很接近世界衛生組織所定義的「危險玩法」。但透過遊戲所帶來的意識變化，以及遊戲本身的不斷進化，讓他得以從中跳脫出來，現在已經和遊戲建立起相當良好的關係了。

《漆彈大作戰》是一款極具策略性的遊戲，玩家在「人形狀態」下噴灑墨汁來佔領地面，並以「烏賊形態」在其中游泳、快速移動，利用「塗地」來改變戰場形勢進行戰鬥。該遊戲於2015年由任天堂在Wii U平台推出。2017年推出了《漆彈大作戰2》，2022年9月推出了《漆彈大作戰 3》，這兩款遊戲都登陸了Switch平台。在線上對戰中導入「段位」系統，讓玩家的段位根據勝負而產生變化，並透過「配對系統」讓實力相近的玩家進行對戰。

據岩本先生表示，初代《漆彈大作戰》（以下簡稱《1》）的配對系統尚未完善，演算法無法進行適當的匹配，導致高階玩家激烈競爭。在岩本先生擔任總編輯的同人誌《遊戲設計的魔導書 Goetia》中，刊登了三位過度沉迷於《漆彈大作戰》的玩家對談，岩本先生在對談中說道：

> 最讓人感到壓力的是「掉S」（S落ち）時。在《漆彈大作戰》中，「S+」是等級最高的，身處其中會讓人很有成就感，但周圍遊玩時間超過一千小時的玩家

幾乎全都是S+。然而，當S+的玩家連續輸掉幾場比賽後，就會掉到S。段位下降的情況會被其他人看到的，所以就會抱著「這樣下去沒臉見朋友，必須回到S+」這種並非發自內心，而是來自外部不良動機、必須繼續玩下去的心態。說的極端一點就是，陷入了「明明想放棄卻因為朋友的關係而無法放棄」的感覺。

到了《漆彈大作戰 2》（以下簡稱《2》），配對系統獲得改善，高階玩家在獲勝後會被精準地匹配到實力相應的對手，讓勝率穩定在自身實力區間的50％左右。此外，遊戲還導入了每月重置「配對」的機制，讓玩家更容易在心理上為遊戲劃下適當的休止點。

在遊戲的配樂方面，《1》中的結果畫面會伴隨著充滿懊悔感的背景音樂，在《2》中則改為曲風溫柔，讓玩家浮現「下次繼續努力」的心情。到了《漆彈大作戰3》，遊戲在自我表現上有了大幅的提升，角色的服裝更加時尚，還可自創稱號（如「無敵的突擊隊長」、「害羞的大胃王」等）。除了競技外，新增的特色讓玩家能夠享受到更多樣的遊戲樂趣，而遊戲機制的進化也避免玩家陷入「過於執著於勝負」的壓力。

此外，岩本先生也從自身的經驗中體會到，如果因為輸掉比賽而讓心情變得煩躁，就容易影響到後續的表現，進而導致連敗，也就是所謂的「負面循環」。他回顧自己的遊玩歷程時表示：「與《1》時代相比，現在幾乎都是因為『想玩所以才玩』，遊戲體驗非常好。那種『明明想停卻停不下來』的情況已經不復存在了。

無論是玩家還是遊戲製作者，我都希望能夠避免、也希望玩家們都能避免──明明想做其他事，卻因為慣性而繼續玩下去的情況。因為這樣只會讓人們對遊戲感到厭倦，甚至開始厭惡起遊戲了。

那麼，究竟是什麼樣的遊戲機制才會讓玩家「即使想放棄」也放棄不了？要如何設計遊戲才能讓玩家在「享有正面體驗」的狀態下長時間享受遊戲呢？岩本先生呼籲遊戲開發者、玩家、政府和研究機構應該就這些問題展開「建設性的討論」，這樣的討論對社會和遊戲文化都至關重要。

對於香川縣的遊戲條例，他表示：「連建設性討論的起點都還沒達到」。最讓岩本先生感到不舒服的是：在條例的討論中，遊戲被視為一種單一的、統一的概念來對待。他指出：「遊戲的藝術形式相當多元，真正可能造成問題的只是其中的一小部分，然而，這項條例卻試圖規範所有的遊戲。這就像因為部分違法藥物會導致藥物成癮，於是就對所有藥物施加管制一樣，真是荒謬至極。」

如果不限定對象，就不可能進行有效的規範和研究。認為玩遊戲會導致某種結果的研究，其本身就是荒謬的。就像如果有人說服用藥物就會導致某種特定結果，但藥物的種類繁多、效果各異，這樣的研究結果能成立嗎？如果有人告訴你藥物會造成某種影響，那你一定會反問是哪種藥物？不同的藥物本來就有不同的作用，這不是理所當然的嗎？

在遊戲中，什麼類型的遊戲？如何玩？遊戲以外的生活環境是怎樣的？這些才是討論的起點，而香川縣的遊戲條例卻將討論範圍擴大為網路、電子遊戲這類過於籠統的概念，使得討論難以進入建設性的階段。

實施一年後，地方與中央的落差

為了在2021年4月，條例實施一週年之際，製作探討施行成果的專題報導，我們進行了相關的採訪。先是條例所規範的兒童、學生，以及監護人的意識和行為是否因此而有了改變？我們在高松市的商店街進行了街頭採訪。

受訪者是一位國中一年級的女學生和她的母親。當被問及每天使用智慧型手機和遊戲的時間時，她們回答說「一直都在用」。她們表示主要是在觀看YouTube影片和玩手機遊戲。

——一天大約使用多久？

一直到睡覺。

——為什麼停不下來？

因為一直看就會覺得很酷之類的。而且新的影片和遊戲會不斷更新，所以停不下來。

——你們知道香川縣制定了網路・遊戲成癮對策條例嗎？

啊，老師好像有說過。

條例要求監護人在家中制定使用智慧型手機和遊戲的規則，並督促孩子遵守，但這位母親表示「我們家沒有制定什麼特別規則」。

雖然會說「時間到了，該結束了」，但孩子要是不肯停下來，還是要花很長時間……這點很讓人困擾。

——你們對條例有什麼看法？

我覺得條例都已經全國聞名了，如果能推廣開來就好了。

——條例實施後，有什麼改善嗎？

嗯……我覺得很難馬上看到效果。

我們也訪問了兩位身穿運動服的男高中生。

——你們每天使用智慧型手機和遊戲的時間有多長？

一天5～6個小時，忍不住就會一直滑手機。

因為社團活動很多，所以頂多玩2個小時左右。

兩人都表示「家裡沒有特別規定使用規則」。他們知道有這條條例，但對其效力仍持懷疑態度。

我曾經想過，真的會有人遵守嗎？

我覺得就算制定了條例，應該也沒多少人會遵守吧。

另一位女學生的母親也表示：「條例實施後，家裡並沒有什麼變化」。現在的孩子都在用Instagram之類的社群軟體，如果全部禁止，會影響到他們的人際關係，所以只能適度地限制。但我覺得有條例還是比較好，這樣孩子們就會受到約束。

此外，一位女高中生和一位男學生的母親也對條例表示懷疑：「我覺得香川縣能夠率先制定條例很了不起，但在全國範圍內，只有香川縣被拿出來討論，為什麼只有香川縣呢？」

在3月8日舉行的香川縣議會文教厚生委員會上，教育委員會報告了去年9月到10月對兒童和學生進行的「智慧型手機等設備使用情況調查」的結果。這是繼2014年度和2017年度之後的第三次調查，而這次是根據《網路・遊戲成癮對策條例》第20條的規定進行的，條例要求縣府需針對網路・遊戲成癮的實際情況進行調查。調查對象為香川縣內隨機抽選的小學4～6年級學生、國中生、高中生和特殊教育學校高中部的學生，共抽樣4千881名。

結果顯示，小學、國中和高中生每天使用智慧型手機等設備的時間，與三年前的調查相比，「3小時以上」的比例有所下降，但「1～3小時」的比例有所上升（小學生：38．6％→45．7％，國中生：45．0％→51．9％，高中生：50．3％→57．5％）。

此外，調查還包括網路和遊戲的「成癮傾向」。在「覺得自己過度沉迷於網路」、「使用網路的時間比預期的長」等8個檢查項目中，符合5個以上即為「需要注意」，比例從三年前的3.4％上升到6.3％（國中生），高中生則從2.9％上升到4.6％。由於這是第一次對小學生進行調查，因此無法與三年前進行比較，但有4.2％的小學生被歸類為「需要注意」。

整體來看，在條例實施後使用智慧型手機等設備的時間有所增加，網路．遊戲的成癮傾向也略有增強。在委員會上說明調查結果的教育長工代祐司將原因歸咎於2020年春季開始的新冠疫情。

> 學校臨時停課、外出受限、為了彌補學習進度而縮短暑假等等。儘管如此，條例的實施以及學習單等措施，某程度上抑制了臨時停課等因素所帶來的影響。

聽取報告後，當初在議會說明提案理由的議員氏家孝志表示：「我原本以為停課期間影響會更大一些，但實際上只是略有增加，在一定程度上得到了抑制，這讓我們覺得制定條例是正確的。」

新冠疫情席捲全球。2020年3月，世界衛生組織和美國等國的遊戲相關企業發起了#PlayApartTogether（保持距離，一起玩遊戲）活動，鼓勵人們待在家中玩遊戲，以防止疫情蔓延。由於香川縣的遊戲條例實施時間恰逢新冠疫情爆發，因此很難評估條例的效果。更何況，在未與其他未制定類似條例的都道府縣進行比較前，縣政府就直接認定影響在一定程度上得到了抑制，這是否有些「老王賣瓜，自賣自誇」呢？這也與許多學生和監護人在街頭採訪中所說的「條例實施後，並沒有什麼特別的變化」相矛盾。

條例實施的第一年，縣政府和縣教育委員會除了進行「遊戲與網路成癮現況調查」，並推廣前述的「成癮預防對策學習單」外，還為了充實醫療服務體系而編寫了「成癮康復計劃」。這本名為《i Swing》的小冊子分為面向當事人和支援者兩個版本，由久里濱醫療中心的樋口進先生監修。將700本小冊子分發給縣內的精神科、心療內科、小兒科、行政諮詢窗口等機構。當事人手冊採用「認知行為療法」，旨在幫助當事人學會自我控制網路和遊戲的使用。支援者手冊子則提供醫療人員、學校相關人員和家人如何與當事人建立起正向關係。對此，香川縣身心障礙福利課的負責人表示：「我們曾聽說小兒科醫生反映『有些孩子因為過度沉迷於遊戲而遇到困擾』，我們希望這本小冊子能夠幫助這些孩子儘早就醫，並促使更多的精神科醫院開始關注遊戲成癮的治療。」

在2021年度的初始預算中，編列了949萬日元的經費，其中包括製作嬰幼兒監護人的早期啟蒙傳單、國中生監護人的教育手冊，以及舉辦「家庭教室」，專為有網路・遊戲成癮兒童的家庭提供支援。

在評估遊戲條例的成果時，還必須關注「國家的動向」。條例第8條〈與中央政府的合作〉等規定，縣政府應要求國家完善相關法律、醫療服務體系，並制定、實施適當的預防措施。香川縣議會審議委員會委員長大山一郎議員在說明率先制定條例的目的時，曾提到「促進國家層面的立法討論」。

在每年的6月左右，香川縣縣長和議長都會前往中央各部會，就下一年度的預算等政策進行提案和遊說。2020年，由於新冠疫情的影響改為提交需求書，並由縣長等人訪問財務省等位於縣內的派出機構。縣政府將「兒童和青少年網路・遊戲成癮對策」列為最重要的項目之一，要求國家採取綜合性對策和培養相關人才。

然而，國家在應對網路・遊戲成癮上並不算積極。在2021年3月16日的參議院內閣委員會上，自民黨議員山田太郎就「遊戲、網路、智慧型手機成癮」問題提出質詢。

遊戲、網路、智慧型手機成癮的原因是什麼？厚生勞動省是否掌握相關的科學根據？

厚生勞動省身心障礙保健福祉部長赤澤公省答覆：「關於遊戲、網路和智慧型手機成癮的發病機制，目前尚未有確切的科學證據。」

山田議員進一步詢問：「是否有科學依據的治療方法和預防方法」。

目前尚未有關於治療和預防的明確科學依據和科學證據。我們認為，未來仍需要透過進一步的研究來積累科學證據，並闡明發病機制。

山田議員一直致力於保護「表達自由」，針對漫畫、動畫和遊戲等文化產業的規範提出反對意見。他也批評香川縣的遊戲條例：「在成癮原因尚不明確的情況下，對兒童在內的所有人採取預防式的限制，可能會剝奪兒童玩遊戲的權利和自由，扼殺他們的潛力。」（《每日新聞 政治 Premium》2020年6月3日）在委員會的質詢中，他成功地引導厚生勞動省承認「成癮的原因、治療和預防方法尚無明確的科學依據」；並對中央政府施壓，要求在科學根據尚不充分的情況下，應避免過度管制。

厚生勞動省在這個問題上一直都很冷靜，他們認為必須先確認遊戲成癮在科學上的根據、是否屬於生活習慣問題或是疾病，才能決定後續的處理方式。反倒是文部科學省常常會自己定義一些東西，就急著推動政策。因此，我認為文部科學省應該要冷靜一點，不要操之過急，先好好調查清楚再來擬定措施。

2020年2月，中央政府成立了「遊戲成癮症對策聯絡會議」，由相關部會、醫療機構、遊戲業界等單位組成，並於2021年3月26日召開了第二次會議。會議上主辦單位厚生勞動省表示：「這個聯絡會議主要是讓各界分享與遊戲成癮的相關議題和對策，目前暫無制定具體法律的計畫。」

在香川縣政府通過遊戲條例後，東京都知事小池百合子隨即在記者會上表示：「香川縣的做法頗具開創性，或許可以提供給其他縣市參考」、「我很關注這項政策的後續影響，也會持續觀察」。

然而，大約11個月後的2021年2月24日，小池知事在議會接受議員質詢時明確表示──東京都政府不會跟進香川縣的做法。

針對網路・遊戲成癮，東京都政府認為我們應該冷靜地判斷資訊真偽，將正確的資訊傳達給東京都民。東京都政府不會根據缺乏科學根據的資訊，制定出像香川縣那樣限制遊戲時間的條例。

小池知事強調：「東京都政府將透過舉辦宣導講座、設立諮詢窗口等方式，持續推廣兒童及家長的自主管理。

香川縣政府所制定的遊戲條例，從一開始就因缺乏科學根據而備受批評，如今一年過去了，似乎也沒有其他縣市打算跟進。我們在3月29日的縣長例行記者會上，詢問了縣長濱田惠造先生。

──中央對於遊戲成癮的態度目前仍是「尚未掌握有效的預防方法」。請問您認為香川縣政府目前的做法是否過於特立獨行？

我認為香川縣政府的做法絕對不是特立獨行，也不是閉門造車。雖然我知道中央政府目前的立場，但我認為，我們不能因為這樣就放任遊戲成癮的問題不管。

香川，奪回遊戲主導權

２０１８年秋天開始，我開始以實名在推特上發表文章。當時我正好從管理職回歸第一線工作，希望能藉此機會提升個人影響力、拓展人脈。我在推特上的推文都屬於個人意見，與我所屬的機構完全無關；內容大多是分享非虛構類書籍和紀錄片的觀後感、日常生活中的所思所感，以及採訪過的新聞等等。

此外，我也常從其他推友的推文中獲得許多寶貴的資訊和知識，有些推文甚至成為我的採訪靈感來源。２０２０年３月，我開始深入調查遊戲條例，並追蹤了許多關注遊戲條例的遊戲開發者和學者，從那之後我的推特動態消息上就開始出現許多與遊戲相關的推文。２０２１年６月，一則推文引起了我的注意。

香川，奪回遊戲主導權

這是一則關於7月10日在高松市中心商店街舉辦的電子競技的活動公告。推文上的CG動畫還有這樣的標語：

遊戲一天只能玩一小時？那可不夠。

既然如此，就把這個現實，這個日常，變成遊戲吧！

「奪回」這個詞，隱含著「曾經失去」的意味。這句廣告語明顯是在影射香川縣政府制定的遊戲條例，甚至可以說是對遊戲條例的挑釁。雖然原本規定每日的遊戲時間上限為60分鐘，後來修改為「僅作為家庭訂立規則的參考」，條例中也沒有任何罰則，但網路上仍出現許多嘲諷的聲音，例如：只要時間一到，香川縣民就會被強制登出、香川縣以後都不能舉辦電競比賽了……等等。雖然已經有高中生挺身而出，對遊戲條例提起訴訟，但我認為這場電競活動是另一種形式的「抵抗」。

這場電競活動的名稱是「Sanuki X Game」（讚岐・X・遊戲）。主辦單位是一個名為S.X.G的團體，但我在推特上卻找不到任何相關的資訊，於是便試著傳送訊息給主辦單位，希望能採訪活動的負責人。

回覆我的是該團體的核心成員、負責企劃的渡邊大先生（34歲）。一開始時，渡邊先生先感謝我同事去年9月採訪了在高松市舉辦的遊戲設計活動——最強遊戲開發馬拉松（最強ゲームジャム）。那是一個讓中小學生和遊戲設計師在現場共同設計遊戲的活動。

渡邊先生是活動主辦方「讚岐GameN」的代表。渡邊先生從小就喜歡玩遊戲，高中時還曾經參加賽車遊戲比賽，並獲得全國大賽獎項。當時，渡邊先生就已經立志將來要從事與遊戲相關的工作了，但身邊卻沒有懷抱相同夢想的夥伴。後來渡邊先生成了一名精神科醫生，並在高松市的一家醫院任職。2017年，與一群遊戲設計師共同創辦了「讚岐GameN」。訪談時談到他之所以會舉辦「最強遊戲開發馬拉松」，是希望能透過活動讓那些和他一樣「夢想成為遊戲設計師，卻不被身邊的人理解」的孩子們，能夠知道「這個世界上還有很多人和他一樣熱愛遊戲設計，並為自己的夢想努力著」，希望藉此來鼓勵孩子們勇敢追夢。

S.X.G的成員除了渡邊先生外，還包括遊戲設計師、學生、商店街店家等，年齡層橫跨10幾歲到40幾歲，共15人。渡邊先生表示，他不希望外界將S.X.G定義為「由一群遊戲愛好者組成的團體」。我們不希望這場活動只是一個屬於遊戲愛好者的活動。

7月10日，電競活動舉辦日。活動場地涵蓋南新町、常磐町、田町三條商店街，利用店面和活動空間舉辦電競比賽、遊戲體驗、座談會等等，成功營造出整條商店街都是遊樂場的熱鬧氣氛。

在三條商店街的交會處——南部三町圓頂附近的一處廣場上，排滿了許多帶著孩子來參加活動的家長。工作人員將「漁網」發給排隊的孩子們。原來，這是主辦單位與高松市東魚市場合作所設計出的「撈魚」活動。只見孩子們拿著漁網，圍著水池跑來跑去，抓準時機將漁網伸進水池中，希望能撈到幾條魚。由於參加活動的孩子可以把撈到的魚帶回家，因此有些家長還會在旁邊提醒孩子「要撈鰻魚」。但鰻魚在水中游動的速度很快且動作靈活，並不是那麼容易撈到。成功撈到魚的孩子會拿著漁網和魚，站在看板前拍照留念。主辦單位還特地製作了類似知名遊戲《集合啦！動物森友會》的對話框看板，上面寫著「我撈到魚了！　今天的晚餐有著落了！」

會場的另一個角落則是香川縣內的高專、大學及專科學生的原創遊戲展示及體驗區。就像是遊戲設計學院的文化祭一樣，學生們帶著自己作品來到現場邀請民眾試玩。渡邊先生表示：「他希望能透過這項活動，讓那些具有遊戲設計天分的學生有機會接觸遊戲公司，並獲得遊戲公司的青睞；也希望藉此吸引遊戲公司的注意，讓他們願意主動認識這些學生，形成一個良性循環。主辦單位當天也邀請了三家遊戲公司的人資主管到現場舉辦企業說明會，為那些有意進入遊戲業的學生提供職涯諮詢。如果渡邊先生高中時，香川縣有舉辦這樣的活動，或許他現在已經是一位遊戲設計師了。

展示區及體驗區有一款以「讚岐烏龍麵」為主題的遊戲，吸引了不少目光。這款名為《烏龍麵排隊名店！妖怪昇天商店街》的遊戲，是一款射擊遊戲，玩家必須對著出現在商店街上的妖怪揮舞裝著烏龍麵的竹簍，抓準時機讓妖怪吃到烏龍麵就能讓妖怪昇天。時機沒抓準，妖怪就會吃到漢堡，是一款相當有趣的遊戲。

這款遊戲是由香川大學、香川高專、高松商業高校的三位學生利用遊戲引擎Unity開發的。三位學生都沒有遊戲設計經驗，他們在S.X.G成員的指導下花了約兩個月的時間才完成遊戲。活動當天吸引了許多家長帶著孩子來體驗，就連家長也玩得不亦樂乎。我利用排隊人潮稍微減少的空檔，採訪了三位學生。

沒想到會有這麼多人來參加！

真的很有成就感。看到大人、小孩都玩得很開心，就覺得很值得。

看到別人正玩著自己做的遊戲，還能得到直接的反饋，真是很棒的經驗。

三位學生都對能參與這項活動感到十分開心，也獲得滿滿的成就感。其中一位就讀香川高專二年級的女學生來自其他縣市，正好是在遊戲條例實施後才到香川縣讀書的。女學生表示她本身就很喜歡玩遊戲，當初看到新聞時心裡其實有點擔心，但進入學校後發現遊戲條例對她的生活並沒有造成太大的影響。

我個人覺得玩遊戲不至於造成什麼負面影響。玩遊戲其實很需要動腦的，有些甚至要搭配上肢體動作。不過，這次的活動會這麼成功，某程度上說，也要感謝遊戲條例。

此外，主辦單位也設計了商店街集點活動，讓民眾在時間內完成所有的活動關卡。時間限制為「59分59秒」。渡邊先生表示，這個時間限制當然是故意設計的，目的就是反諷遊戲條例。不過，渡邊先生也強調，雖然宣傳口號是「香川，奪回遊戲主導權」，但他並不想製造對立。

我們不希望一直糾結於條例的對錯。我們希望透過這場活動，邀請大家一起來討論如何讓條例發揮更大的作用。條例通過並不代表問題就解決了。我們希望透過實際行動讓大家知道我們對於遊戲條例的看法，以及我們希望遊戲條例如何修改，和真正想討論的問題是什麼。

這場電競活動最特別的地方就是主辦單位還邀請了遊戲成癮的專科醫生和過來人，針對「如何與遊戲和平共處」進行對談。座談會的名稱為「海野醫師，請問什麼是遊戲成癮？」」。活動當天，高松市三光醫院院長海野順醫師在現場為民眾說明遊戲成癮的機制和預防方法。海野醫師在三光醫院開設了網路．遊戲成癮門診。

座談會上，海野醫師分享了一份關於「哪一種網路．遊戲成癮預防措施最容易被大眾接受」的問卷調查結果。「學校的媒體素養教育」、「合理的遊戲使用規範」等選項，都獲得了七到八成的支持，這顯示大部分的民眾對於這類型的預防措施接受度較高。然而……

值得注意的是，評價最差的是——強制規定遊戲時間上限，有高達92％的民眾反對。日本某個縣，最近好像才剛通過類似的遊戲條例……海野醫師話還沒說完，台下就響起一片笑聲。

會有這麼多人反對也是理所當然的。對於喜歡玩遊戲的人來說，這絕對是最糟糕的政策。不過，我認為遊戲條例的重點並不在於限制遊戲時間，而在於整合各界資源、建立起完善的社會安全網，讓那些網路．遊戲成癮的患者在需要時可以獲得適當的協助。

海野醫師強調「建立完善的社會安全網」和「加強跨部門合作」，才是解決遊戲成癮的根本之道。海野醫師語重心長地表示，他最擔心的是——成癮患者被社會孤立。

此外，主辦單位也邀請了曾是網路．遊戲成癮的過來人，目前正協助運作自助團體、並積極參與宣導活動的白水宗一先生，來分享他的親身經歷。白水先生表示，他過去曾經花了約3萬小時在玩遊戲上。高中時，因為在學校過得不快樂，只能透過玩遊戲來紓解壓力；家人為了幫助他戒掉遊戲，帶著他四處求醫，結果反而讓他和家人的關係變得更加糟糕。

當時我最希望家人做的事就是不要把我當成「遊戲成癮患者」。雖然我知道家人都是為了我好，但我可以感受到他們總是把我當成病人，這讓我很生氣、很難過，也讓我覺得在這個家裡自己是一個沒有用的廢人。

日本各地經常會舉辦電競活動，但像S.X.G這樣，關注遊戲成癮的電競活動相當罕見。渡邊先生表示，他之所以邀請海野醫師來參加座談會，是因為他認為我們並不是因為喜歡玩遊戲，就只挑遊戲的優點來說。我們也希望透過活動來正視遊戲成癮的問題，並從中學習。當政治人物提出這樣的規則如何？如果我們只是一味地說「這不行」，那我們自己的答案又是什麼呢？我們打算怎麼做？如果沒想到這些，那麼就算我們喊出「香川，奪回遊戲主導權」也無法真正奪回話語權與主導權，不是嗎？

「香川，奪回遊戲主導權」這句標語是由S.X.G的年輕成員提出的。雖然一度引發內部成員的反彈，但渡邊先生最後還是決定採納年輕成員的意見。而我也是因為在推特上看到這句標語才會決定採訪這場電競活動的。由此可見，這句廣告標語的確吸引了大眾的目光。參加活動的許多民眾都表示：我原本以為這場反對遊戲條例的活動，但沒想到活動內容卻相當中立，並沒有偏袒哪一方。

渡邊先生認為，遊戲條例的通過讓香川縣成了眾所矚目的焦點，無論是好是壞，都為香川縣帶來新的發展機會。

> 條例的通過讓香川縣的居民開始思考「我們該如何看待遊戲」，也讓大家更願意討論這個議題。表面上看來，香川縣似乎成了「日本最不自由的縣市」，但實際上，香川縣卻是全日本最認真思考遊戲與生活間的關係的縣市。我們希望透過遊戲讓香川縣變得更有活力，讓香川縣成為遊戲與生活完美融合的城市。我相信，香川縣一定能成為其他縣市的學習對象。

2022年7月，也就是電競活動舉辦後一年，S.X.G舉辦了第二屆Sanuki X Game，並以「Play, Mirai.」（遊玩，迎向未來）為主題在商店街中央鋪上榻榻米，設置了桌上遊戲體驗區。這場活動不只是一場電競活動，而是一個可以讓大家盡情體驗遊戲樂趣、思考遊戲與生活間的關係，並暢所欲言的平台。渡邊先生也計畫繼續舉辦Sanuki X Game，將其打造成一年一度的電競盛事。

電競社與隊醫

電子競技在全球已經擁有超過1億名的玩家。所謂的電子競技指的是透過對戰型電玩來決定勝負的競技活動，就像傳統運動有棒球、足球等分類，電子競技也依遊戲類型分為射擊、格鬥、益智遊戲，以及MOBA（多人在線戰鬥競技場，Multiplayer Online Battle Arena）等需要組隊進行攻防的遊戲。根據日本電競協會的統計，2021年日本國內的市場規模約為78．4億日圓，相較於三年前成長了1.6倍。2020年儘管受到新冠疫情的影響成長速度略有放緩，但隨著疫情趨緩、國內外的大型賽事陸續恢復，市場規模可望在2025年達到180億日圓（資料來源：2022年日本電競白皮書/角川ASCII綜合研究所）。

然而，香川縣政府通過的遊戲條例在第8條〈與中央政府的合作〉第2款中卻規定：縣政府應要求國家在推廣電子競技的同時，應避免造成兒童網路．遊戲成癮，並採取必要的措施。在公開徵求意見時，有許多民眾紛紛對此表達不滿，認為「這項規定與時代潮流背道而馳」、「將阻礙香川縣發展電競產業及促進地區發展」、「沒有科學證據顯示電子競技會造成網路．遊戲成癮」。

近年來，有越來越多的高中將電競納入社團活動，那麼，究竟學校和學生是如何看待成癮問題的呢？聽說日本有一所高中其電競社破天荒地聘請了「隊醫」，專門負責學生的健康管理和成癮防治，於是我便動身前往採訪。

位於岡山縣西北部的新見市私立岡山縣共生高中，其前身為創立於1950年、以培養獨立自主的現代女性為目標的「裁縫塾」，後轉型為女子高中，並於1996年開始招收男學生。該校普通科設有四個班級，每個年級招收80名學生。

走近校舍，首先映入眼簾的是「電競社 挺進全國高中電競錦標賽決賽」的大型橫幅。共生高中電競社的前身為創立於2014年的「電競同好會」，並於2018年秋季正式升格為「社團」。隔年，共生高中電競社在首屆全國高中電競錦標賽中奪得亞軍，一戰成名。截至2022年4月共有社員51名，其中更有為了進電競社而遠從四國、九州來此就讀的學生。

在顧問柴原健太、池田勝宣老師的帶領下，我來到了位於校舍二樓的第一電腦教室。只見社員們戴著口罩，神情專注地坐在螢幕前練習，鍵盤聲此起彼伏。社員們偶爾會和鄰座的同學交談幾句，但整個電腦教室瀰漫著一股嚴肅氣氛，完全不像是一般人想像的邊玩遊戲邊開心聊天的輕鬆畫面。

社員們正在練習的是線上遊戲《英雄聯盟》，這是款風靡全球的多人線上戰鬥遊戲，玩家必須組成五人的隊伍，以奪取敵方主堡為目標。隊員的角色分工、戰術配置，乃至整體戰略都是勝負的關鍵。我詢問了兩位二年級的男社員，他們在練習時都在想什麼？

因為是團隊遊戲所以溝通非常重要。此外，心理素質也很關鍵，這對比賽結果影響很大，因此，訓練時也會特別注意。

——心理素質要怎麼鍛鍊？

就是盡量多打比賽。

透過不斷地比賽，習慣各種突發狀況。

從這個角度來看，電競選手和足球、網球等運動選手一樣，都需要累積實戰經驗、訓練臨場反應，才能在比賽中發揮實力。社員們表示他們在參加比賽時，可以明顯感受到自己的成長和不足之處，而這些經驗也有助於他們調整練習的方向。

我們最近遇到的瓶頸是，即使我們在比賽中處於優勢，比賽時間還是會拖得很長，所以我們正在練習要如何縮短比賽時間。

我詢問社員們會不會覺得玩遊戲只是一種「遊戲」？一名社員語氣堅定地回答：「我的夢想是成為職業電競選手，所以我現在非常認真地朝著這個目標努力。」他的語氣和神情讓人不禁聯想到真正的運動選手。電子競技確實是一種嶄新的運動形態。

電競社的社團教室是由一樓的校長室改建而成的，牆上掛著電競社口號——從遊戲愛好者蛻變為電競選手的字樣。此外，牆上還貼著五項行為準則：見到師長要問好、準時、愛惜物品、保持環境整潔、注意服儀。顧問老師柴原老師表示：

我覺得「遊戲愛好者」是指那些想玩什麼遊戲就玩什麼遊戲、想玩多久就玩多久的人。但我們是電競社，社員必須服從團隊指示，即使心情不好、不想玩這個遊戲或是分配到不擅長的角色，為了團隊的勝利，還是要硬著頭皮上場。

共生高中電競社之所以會受到全國的矚目，除了在比賽中屢創佳績外，還有一個原因，那就是聘請了「隊醫」。一般人對隊醫的印象大多是負責處理運動傷害的骨科醫生，但共生高中電競社的隊醫卻是「成癮防治」專家。

岡山大學研究所牙醫學綜合研究科的神田秀幸教授，長期致力於酒精、尼古丁等成癮防治的研究。神田教授於2019年8月來到岡山大學任教，當時便開始思考要如何將過去在預防醫學累積的知識和經驗回饋給岡山。就在此時，神田教授聽說了共生高中的電競社，便主動聯繫校方希望能貢獻一己之力。當時，共生高中也正好意識到除了提升電競實力外，也必須加強社員的健康管理。雙方一拍即合，於2020年4月，正式聘請神田教授為電競社的隊醫。

神田教授每個月會到學校一次，關心社員們的身心狀況，並提供專業的建議和指導。2022年3月，我獲准採訪神田教授一年兩次的「身體素質測量會」。當天，除了神田教授外，還有島根大學人類科學院專精運動科學的宮崎亮副教授，為社員測量肌肉量、體脂肪率、身體組成等數據。神田教授會將測量的數據記錄下來，與社員們討論。神田教授邊看著測量結果，邊對社員們說：

你的體重不能再減了，目標是維持目前的體重。

你要多吃一點，還有，你的上下半身肌肉量不太平衡，要加強上半身肌肉的訓練，例如做做伏地挺身。

神田教授表示，電競社社員的運動量普遍比其他運動社團的社員少，因此社員們不是特別瘦，就是有點肉肉的，呈現兩極化的趨勢。此外，長時間盯著螢幕也容易造成眼睛、手腕、腰部等部位的負擔。神田教授觀察到社員們在玩遊戲時，幾乎不會眨眼，這讓他相當訝異。為此，開始指導社員們如何做伸展運動、按摩，以及如何讓眼睛適度休息。神田教授也建議學校每週安排一天讓社員們進行體能訓練。自從神田教授開始指導社員們後，社員們抱怨手腕疼痛和腰痛的次數明顯減少了，甚至有還有社員表示「變得比較能集中精神」。

過去，這些孩子們的生活重心幾乎都圍繞著遊戲，從來不知道運動和健身其實也是一種享受。現在我鼓勵他們多運動、多健身，他們也都很樂意配合，甚至還有一位社員因此瘦了10公斤。

除了身體檢康外，神田教授也會關心社員們的生活作息和心理狀態。神田教授認為，想要避免遊戲成癮最重要的就是「不要因為玩遊戲而影響到日常生活」。神田教授會詢問社員們的睡眠時間、飲食習慣，也會和顧問老師們交換學生的作業繳交狀況、學習成績等資訊。神田教授會明確告訴社員：「如果因為玩遊戲而影響到課業，我可能會要求你們暫停社團活動」。

每個月神田教授到學校關心社員們的身心狀況時，也會撥出時間和有需要的社員進行一對一的面談。當天我獲准旁聽神田教授和一位一年級男社員的面談過程。這位男社員來自岡山縣，目前住在學校宿舍。只見神田教授穿著白袍，隔著透明隔板坐在對面，溫柔地詢問：

早上起床會很勉強嗎？

因為宿舍8點25分關門，所以我都會睡到8點10分左右。

這位男社員在國中時因為罹患了「起立性調節障礙」（一種自律神經失調的疾病）經常會在早上起床時頭痛、難以起床。

入學後，狀況有改善嗎？

我覺得改善很多。

這樣很好啊！有沒有常常遲到？

沒有。

太棒了！你都有準時上課，真的很厲害！

面談結束後，神田教授語帶欣慰地表示：

這位同學剛入學時每天都很難起床，為了準時到校上課，他開始調整生活作息。現在他加入了電競社，也在社團裡找到了自己的定位，並為了達成目標而努力，我覺得他真的成長了很多。

神田教授表示，社員中有不少人都有過類似的經驗，例如：拒學、霸凌等等。但這些孩子來到共生高中後，因為電競社的關係，讓他們有機會接觸到一群志同道合的夥伴，並在社團中找到屬於自己的容身之處，進而重拾自信。

過去人們認為「漫畫會讓人變笨」，但現在，漫畫已經成為日本的代表性文化。同樣地，電競產業現在也處於「發展初期」，未來也可能成為一種社會文化。為了讓電競產業能夠永續發展，我們必須盡快制定相關的「健康管理規範」，就如同高中棒球隊會限制投手的投球數，並強制要求球員要補充水分一樣。

如果讓投手毫無節制地投球，可能會導致肩膀受傷。同樣地，如果讓電競選手毫無節制地練習，也可能會危害到身心健康。但我們也不能因為這樣就制定過於嚴苛的規定，限制選手的練習時間。應該要制定出一套合理的「電競健康管理指南」，在保護選手身心健康的前提下，讓他們可以安心地練習。

神田教授認為與其採用傳統的問卷來收集數據，還不如以隊醫的身分持續觀察電競社員的行為模式，記錄他們從入學到畢業這三年來的變化，才能更準確地掌握電競選手的健康狀況。

我希望透過長期觀察、收集數據，並驗證這些數據是否適用於其他學校的電競社，最終制定出一套完善的「電競健康管理指南」，讓所有電競選手都能在兼顧身心健康的同時，盡情享受電競的樂趣。

在撰寫這個章節的過程中，我的採訪對象不再侷限於議員和政府官員，而是擴展到遊戲設計師、電競主辦單位、學校老師、醫療人員等。試著從這些熱愛遊戲並因為遊戲而獲得救贖的人們的角度，來看待遊戲條例。這些人的想法和制定遊戲條例的議員們並沒有太大的差異，他們並非一味地反對遊戲條例或是刻意挑起對立，而是希望大家能理性地看待「遊戲成癮」這個問題，並在瞭解問題的本質後，再來討論解決方法。透過這些採訪我學到很多新知識，也讓我對遊戲成癮的看法有了很大的改變。

我認為如果香川縣議會在制定遊戲條例之前願意多花一點時間，多聽聽各方的意見，或許就能制定出一套更為完善的遊戲條例。當然，亡羊補牢，為時未晚。然而，香川縣議會和縣政府後續的處理態度卻讓我感到失望，他們似乎不願正視問題，也不願意做出任何改變。

第5章 條例的爭議

圍繞條例的兩場官司

「香川縣的遊戲條例違憲」。一位高中生與他的母親以此向香川縣政府提起訴訟要求國家賠償。官司於2020年12月開庭，由於爭議性極高，首場口頭辯論於12月22日展開，受到全國矚目，法院甚至還為此發放了旁聽證。儘管當天是平常的上班日，但高松地方法院外還是排滿了前來旁聽的民眾。上一次高松地方法院發放旁聽證已經是2020年的事了。由於新冠疫情的緣故，為了保持社交距離，原本可容納80人的旁聽席縮減至36席，當天共有40人領取旁聽證，最後以抽籤方式決定旁聽資格。

開庭前，我訪問了幾位民眾。一位在高松市從事IT產業的男性表示，他從遊戲條例的草案階段就開始關注了。

身為一名家長，我希望能透過這場官司瞭解香川縣政府的想法。而且，這名高中生願意挺身而出，勇敢挑戰公權力，我覺得很不容易。所以我想來旁聽，關心這場官司的後續發展。

一位在課後照顧班擔任輔導老師的女子則表示，她最關心的是：「法院將如何判定遊戲條例的合法性」以及「這場官司會纏訟多久」。她也表達了對原告涉同學的擔憂。

我覺得這名高中生承受了很大的壓力，所以我一定要來旁聽，給他加油打氣。

時間一到，涉同學穿著和遞交訴狀當天相同的西裝，搭配著紫紅色領帶和黑色口罩走進法庭。首先進行了兩分鐘的媒體攝影時間。原告席上，坐著涉同學和他的委任律師作花知志；被告席上，前排坐著三位代表香川縣政府的律師，後排則坐著四位香川縣政府和議會事務局的職員。審理此案的三位法官分別是審判長天野智子、法官深見菜有子、法官三好瑛理華，清一色都是女性。對比當初通過遊戲條例草案的香川縣議會，41位議員中只有2位女性議員，而14位遊戲條例審議委員會的委員，也全部都是男性，平均年齡約58歲。雖然法官的性別和判決沒有直接關係，但我還是忍不住想問，這些女性法官對於這個由男性主導制定的遊戲條例，到底有什麼想法？正當我腦海中浮現各種想法時，兩分鐘的攝影時間結束了，天野審判長宣佈開庭。

民事訴訟的言詞辯論主要是確認雙方律師提交的書面資料，以及安排後續的開庭日期，和經常出現戲劇性情節的刑事訴訟相比，整個過程通常很快就會結束。我剛入行、第一次採訪民事訴訟時，完全搞不清楚狀況，一頭霧水。

原告，請陳述訴狀。被告，請陳述答辯狀。

天野審判長快速地引導訴訟程序。雖然說是陳述，但實際上律師並不會在法庭上逐字朗讀訴狀和答辯狀的內容，只是形式上，法官必須宣告「請陳述」，才算完成法庭上的主張程序。被告香川縣政府在答辯狀中主張「原告的請求全部缺乏理由，應予駁回」表明將全面抗辯到底。被告律師表示將會在後續的準備程序中，針對原告的請求，提出具體的答辯意見。接著，被告律師針對訴狀內容提出「釋明」，指出「遊戲條例規定的義務僅止於『努力目標』和『參考標準』，原告主張因遊戲條例而遭受損害，顯然與事實不符」，並要求原告針對「因遊戲條例而遭受的損害」提出具體事證。被告律師的這番言論就如同比賽開始後，先發動一記「刺拳」來試探對手，接下來應該還會有更精彩的攻防戰。

散庭後，我詢問涉同學，對於正式開庭有什麼感想？

我覺得終於走到這一步了。原本以為應該沒有多少人會來旁聽，沒想到現場來了這麼多人，這讓我感受到不只香川縣縣民，全日本都有很多人關心這個議題。

2021年6月14日，第三次言詞辯論開庭，被告香川縣政府在法庭上陳述了第一份和第二份準備書狀，針對訴狀內容提出具體的答辯意見。被告的主要論點可以歸納為：第一，制定遊戲條例有其必要性，也就是所謂的「立法事實」；第二，遊戲條例並未侵害原告涉和他母親的權利。

首先，針對第一點「立法事實」，原告主張「網路．遊戲成癮」並非疾病，且遊戲條例缺乏科學根據。對此，被告反駁，「網路．遊戲成癮」或其他類似概念，雖在醫學上目前確實尚未有明確的定義，相關的學術討論也尚未有定論；但全球醫學界普遍認同「過度使用網路和遊戲可能會造成負面影響，尤其是青少年更容易受到影響」。被告在準備書狀中，列舉了多篇醫學文獻佐證「網路．遊戲成癮」的治療和預防有其必要性，並強調遊戲條例並非毫無科學根據。

針對第二點「原告的權利侵害」，被告主張遊戲條例只是針對智慧型手機和平板電腦的使用時間制定了「參考標準」，提供給家長和孩子們在討論家庭規範時參考，並非強制規定。此外，遊戲條例也明確指出家長有責任輔導孩子們養成良好的網路・遊戲使用習慣，但這項規定也只是「努力目標」，並非強制規定，因此遊戲條例並未侵害原告或其他香川縣縣民的權益。

不僅如此，被告還主張，原告根本「沒有遵守遊戲條例」。被告律師在法庭上出示了一篇網路新聞網站《ねとらぼ》在遊戲條例通過前的2020年3月4日，刊登的一篇涉的專訪報導。

——如果遊戲條例維持現行的版本，也就是包含限制遊戲時間的規定，最後真的通過了，你會怎麼做？

我絕對不會遵守。如果遊戲條例真的通過了，我會到日本各地舉辦的電競比賽會場發起連署活動抗議到底。

被告律師指出，原告在訴狀中主張「因為遊戲條例第18條第2款的規定，我不得不限制自己使用智慧型手機和平板電腦的時間」。但根據被告的調查，自從4月1日遊戲條例正式上路後，涉在下午10點後，也就是遊戲條例規定的「參考時間」之後，至少還有15次使用iPhone在推特上發文。對此，原告反駁，《ねとらぼ》的專訪內容是在遊戲條例草案修正前的發言，當時的遊戲條例草案還包含「限制」遊戲時間的規定，因此涉才會說「我絕對不會遵守」。後來才將「限制」遊戲時間的規定修改為「家庭生活準則參考」，因此，涉現在遵守的是修正後的遊戲條例。然而，被告律師反擊，「原告的說詞根本是睜眼說瞎話」。

2021年9月15日，第四次言詞辯論開庭。原告主張，香川縣政府發放的遊戲條例宣導手冊並沒有明確指出「努力目標」，給人的感覺就是「強制規定」，而非「參考標準」。此外，原告律師還在法庭上出示一位曾擔任遊戲條例審議委員會委員的縣議員，在社群網站上發表的文章。文章寫道：「在條例中明確寫入『限制時間』的規定，確實能造成話題，達到警示作用」。原告律師作花律師在散庭後的記者會上表示：「香川縣政府根本就是在欺騙縣民，他們故意在遊戲條例中營造出『強制規定』的氛圍，讓縣民誤以為自己有義務遵守」。

就這樣，原告和被告雙方針對遊戲條例是否具有「立法事實和科學根據」以及是否「侵害原告的權利」展開了激烈的攻防。就在此時，這場官司出現了新的進展——居民監察請求。

居民監察請求是指地方居民認為地方政府的財務收支或財產管理出現違法或不當行為時，可向監察委員提出申請，要求調查並糾正。2021年8月，五位香川縣民針對香川縣政府在遊戲條例違憲訴訟中所支付的律師費用，提出了居民監察請求。

這次居民監察請求的核心人物是來自高松市、現年65歲的松崎光成先生。松崎先生曾在大阪府立高中擔任社會科教師，於2016年退休返回故鄉高松市定居。2017年，6位香川縣議員前往德國、瑞士等地考察時，被電視台拍到在白天喝酒、觀光，引發輿論撻伐。當時，松崎先生便和「香川縣民監察團」合作，針對此次考察和其他四起海外考察費用向法院提起居民監察請求，要求這幾位縣議員歸還考察費用。這次，松崎先生等人再次針對香川縣政府支付律師費用，提出居民監察請求。

涉和他母親向香川縣政府求償160萬日圓，而被告香川縣政府除了委任縣政府的顧問律師外，還另外委任了東京和愛知的律師事務，總共三位律師，負責處理這起訴訟。根據律師委任契約書，每位律師的「著手金」為53萬9千日圓，總計161萬7千日圓。此外，律師還可以依照訴訟結果向香川縣政府請領「報酬金」。根據松崎先生等人透過資訊公開法取得的資料，截至2021年5月，香川縣政府已經支付了5次共約36萬日圓的交通費和住宿費，作為他們來香川縣開會和出庭的費用。

松崎先生等人在監察請求書中指出：香川縣政府所支付的律師著手費和報酬金已超過原告的賠償請求，這顯然超過合理的裁量範圍，屬於違法且不當的行為。因此要求監察委員應建議香川縣縣長，向律師追討已支付的費用，並停止支付後續費用。

賠償請求額僅160萬日圓，而律師費卻超過160萬日圓，乍看之下，似乎是浪費公帑。然而，在司法案件中，若原告的目的是道歉或名譽回復，而非金錢賠償，那麼往往會刻意請求象徵性的賠償金額，例如「1日圓」，以表示訴訟的重點不在於金錢。因此，如果單純以「賠償請求額低於律師費」來批判這筆開支，那麼就等於否定政府聘請律師的權利，最終將導致地方自治體在訴訟中「無法適當應對法律挑戰」。因此，這樣的邏輯顯然過於極端。

遞交監察請求書後，松崎先生等人在香川縣政府的記者室召開記者會，說明訴求。有記者提問：「你們不覺得你們的訴求，有點無理取鬧嗎？」

老實說，我們認為香川縣政府不應該浪費一毛錢，在這個違憲的遊戲條例上。

松崎先生表示，他從遊戲條例草案，也就是包含「限制遊戲時間」的版本出爐後，就一直覺得這個條例有問題，並開始思考自己可以做些什麼來表達抗議。後來，他發現香川縣政府在這場官司中支付的律師費用疑點重重。首先，每位律師的著手金是如何計算出來的？其次，香川縣政府真的有必要委任三位律師嗎？而且，為什麼要捨近求遠，委任東京和愛知的律師呢？

之所以會聘請縣外律師是因為2020年5月，香川縣律師公會發表聲明，主張「遊戲條例可能違反憲法」，要求香川縣政府廢除遊戲條例。松崎先生批評：香川縣政府在律師公會，也就是法律專業人士都認為遊戲條例有違憲之虞的情況下，不思檢討，反而執意通過遊戲條例，才會導致現在這種必須支付高額律師費用的窘境。

我詢問一位香川縣律師公會的律師對於這起居民監察請求的看法。這位律師表示：「考量到這場官司可能引發複雜的憲法爭議，律師的著手金並不算高，應該還在合理範圍」。不過，話鋒一轉，語帶諷刺地說：「當初如果沒有制定這種漏洞百出、粗製濫造的遊戲條例，現在也不用花這麼多錢來請律師打官司了」。

9月，香川縣監察委員以縣政府提出的「考量到這場官司的爭議點很多，如果勝訴的話，就能確保遊戲條例的效力，為香川縣帶來難以估計的有形和無形利益」的說明為由，認為律師的著手金合理，駁回了松崎先生等人的居民監察請求。

松崎先生等人不服監察結果，於10月16日，正式向法院提起「居民訴訟」，控告香川縣政府，要求香川縣政府向律師追討已支付的費用，並停止支付後續費用。原告是當初提出居民監察的五位香川縣民，包括松崎先生、高松市議會「市民派改革網路」的太田安由美議員、45歲的IT工程師岸本充裕先生，以及其他兩位不願具名的香川縣民。松崎先生在訪問時，說明他們決定提起訴訟的理由。

我們不能讓十幾歲的涉，獨自承受這一切，所以，我們這些30幾歲的人決定站出來，為他加油打氣。

一個遊戲條例引發兩場官司，同時進行訴訟，這可說是相當罕見的情況。我仔細閱讀了居民訴訟的訴狀後發現，內容和涉所提起的違憲訴訟有很多相似的地方。這是因為這兩場官司都是由作花律師擔任原告律師。在居民訴訟中，作花律師主張香川縣政府在遊戲條例的草案階段，就已經有許多專家學者指出遊戲條例「違憲」以及「缺乏科學根據」，但香川縣政府卻執意通過遊戲條例，並支付高額律師費用為遊戲條例辯護，這顯然「違法」。由此可以發現，居民訴訟的訴訟策略和涉提起的違憲訴訟有很多重疊之處。

為此我詢問作花律師，為什麼要同時打兩場官司呢？

雖然這兩場官司的訴訟策略有很多相似之處，但居民訴訟的標的是「香川縣政府的稅金運用是否得當」，和5名原告的權利侵害無關。因此，法律判斷較為簡單。而涉提起的違憲訴訟主張香川縣政府制定的遊戲條例違憲，導致權利受到侵害，要求香川縣政府賠償損失。因此，這場官司的原告必須是遊戲條例規範的對象，也就是18歲以下的兒童以及他們的家長；訴訟的重點在於否侵害了原告的權利。另外，居民訴訟的核心是縣政府對於稅金的使用是否恰當，與原告是否受到條例影響無關。

此外，在違憲訴訟中香川縣政府主張「遊戲條例只是『努力義務』，並未侵害原告的權利」；在居民訴訟中，作花律師打算以此來反駁「如果真的只是『努力義務』，那麼香川縣政府為什麼要花這麼多錢來請律師為遊戲條例辯護呢？」

香川縣政府在兩場官司中的說詞互相矛盾，這矛盾之處正好成為我們攻擊點。

居民訴訟開庭當天，為了讓社會大眾更容易理解這兩場官司之間的關聯性，新聞媒體特地製作了「圖解」來說明原告的訴訟策略。沒想到這張圖解在推特上引發了熱烈的

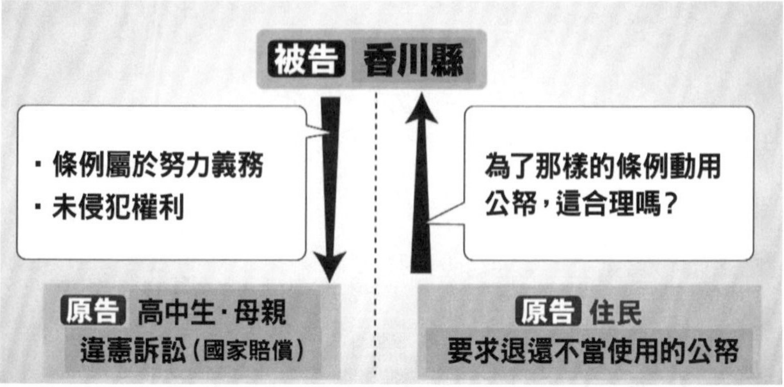

圍繞遊戲條例所展開的兩起訴訟之間的關係。

討論，沉寂已久的遊戲條例在違憲訴訟開庭一年多後，再度成為熱門話題。有趣的是，許多網友在討論原告律師的訴訟策略時，還使用了許多遊戲術語，例如：原告律師使出了「無法破解的必殺技」，讓香川縣政府陷入「無路可逃」的窘境、原告律師這招「連續攻擊」真是太精采了、原告律師打出了「陷阱卡」讓香川縣政府措手不及。由此可見，雖然遊戲條例已經通過了一年多，但還是有許多人在關注這個議題。

作花律師在居民訴訟開庭後的記者會上表示，香川縣政府之所以會面臨接二連三的官司是因為——人民已經忍無可忍了。

對於條例的內容，以及香川縣政府強行通過遊戲條例的手段香川縣縣民感到非常憤怒。

他們想要表達的是——香川縣政府你們到底把我們當成什麼了？我相信只要遊戲條例一天不廢除，未來一定還會有更多人站出來挑戰公權力。

遊戲障礙研究會

網路・遊戲成癮是否真的有科學根據？這個問題不只是香川縣遊戲條例違憲訴訟的爭議焦點，也深受中央的重視。為了加深社會大眾對於網路・遊戲成癮的認識，由自民黨參議員山田太郎等人，於2021年12月發起的「遊戲障礙研究會」便邀請了厚生勞動省、文部科學省、經濟產業省、內閣府、消費者廳、警察廳等相關部會的官員，以及各領域的專家學者，每月舉辦一次研討會，進行跨領域的對話與交流。

2020年3月，文部科學省在針對高中生所製作的「認識行為成癮」宣導草案中，特地將「遊戲成癮」和「賭博成癮」相提並論，試圖加入遊戲成癮的相關內容。此舉引發外界質疑。山田太郎等人以缺乏科學根據為由，要求文部科學省刪除相關內容。文部科學省從善如流，刪除了「遊戲成癮」的相關內容。山田太郎認為政府部門不應該散播「遊戲等於惡」、「玩遊戲就會成癮」等錯誤觀念，也不應該在缺乏科學根據的情況下，推行所謂的治療和預防措施。因此決定成立「遊戲障礙研究會」，邀請大阪大學兼任講師井出草平擔任顧問，希望藉此建立大眾關於網路．遊戲的正確觀念。

在首次研討會上，井出草平以「遊戲障礙的基礎概念」為題，發表了專題演講，並針對「遊戲障礙是否為疾病」和與會者進行了深入的討論。世界衛生組織在2019年發布了最新的國際疾病分類標準（ICD-11），首次將遊戲障礙（Gaming Disorder）納入其中，將其特徵定義為：持續至少12個月以上，無法控制玩遊戲的時間和頻率，即使已經對日常生活造成負面影響，還是無法克制玩遊戲的慾望，甚至越陷越深。日本媒體大肆報導這項決定，並將其解讀為——正式將遊戲成癮認定為疾病。香川縣議會也依此制定了相關的條例，正如本書的前述所言。

井出草平指出，ICD-11所使用的Gaming Disorder一詞，翻成日文應該是「遊戲障礙」，與「illness」或「disease」（疾病）的意思不同，兩者不能混為一談。此外，他還透過山田太郎的辦公室去函詢問WHO，WHO的回覆是：將Gaming Disorder稱為「疾病」的說法是不恰當的。

在研討會上，厚生勞動省的官員表示，ICD-11已於2022年1月正式生效，日本將有五年的緩衝期進行相關的統計標準研究，以符合ICD-11的標準。此外，在決定「Gaming Disorder」的正式譯名時會特別注意，確保用詞能準確傳遞「disorder」的意思。官方特意迴避了「不是疾病」的說法。

從支援的角度看，健康保險的給付僅限於「傷病」。因此，將其納入傷病可能是必要的。舉個例子來說明，過去也曾認為興奮劑成癮（安非他命成癮）是違法行為，不應獲得保險給付。但在各方的努力下，終於被認定為「疾病」，成為保險的給付範圍。希望大家可以理解，我們的目標是讓政策與支援體系朝更進一步的方向發展。

對此，山田太郎提出質疑：

——所以，厚生勞動省是打算將「遊戲成癮」定義為「疾病」嗎？這點必須說清楚，因為這關係到國民的稅金使用，應該要謹慎處理。

對此，厚生勞動省尚未有任何決定。

井出草平認為，不應該使用「疾病」等容易造成誤解的詞彙來描述「遊戲障礙」。我知道，將遊戲障礙定義為疾病會比較好推動相關的措施，但這反而會讓大眾產生「玩遊戲就會生病」的誤解，弊大於利。我相信，即使不將遊戲障礙定義為疾病，也還是有其他方法可以幫助這些人。

我也採訪了「遊戲障礙研究會」的發起人山田太郎，詢問他對香川縣搶先中央，制定了遊戲條例的看法？山田太郎表示，除了引發爭議的「遊戲時間參考標準」外，香川縣的遊戲條例還有很多條文都有問題。

首先，條例的第2條將「網路．遊戲成癮」定義為：因過度沉迷於網際網路或電腦遊戲，導致日常生活或社會生活受到影響之狀態。山田太郎認為，這樣的定義太過牽強。

難道只要沉迷於某事，就會「成癮」嗎？如果真的是這樣的，那麼那些熱愛棒球的少棒選手、喜歡閱讀的孩子，不就都成癮了？我覺得兩者不能混為一談。

此外，山田太郎也點名以下兩條條文：

第4條（縣府的責任）

4. 為防止孩童陷入網路．遊戲成癮，縣政府應加強親子對於「戶外運動與遊戲等活動的重要性」的理解，並推動健康與體能發展。此外，縣政府應與市町合作，確保孩童擁有安全的活動空間，並促進多元的體驗活動及與社區居民的交流。

第6條（監護人的責任）

2. 監護人應在孩子年幼時，多花時間陪伴孩子，給予孩子安全感，建立穩定的親子關係，並與學校等單位合作，避免孩子網路・遊戲成癮。

我認同戶外活動對孩子們的成長很重要，但不應將戶外活動放在遊戲的對立面上。至於，要多花時間陪伴孩子，還是讓孩子們玩遊戲，這與每個家庭的價值觀有關，不應該由政府來干預。如果制定遊戲條例的理由是「擔心孩子們沉迷於遊戲會影響身心發展」，那就應該從教育的角度來解決問題，而不是將「遊戲」和「成癮」畫上等號，這樣太過偏頗了。

山田太郎強調：如果是想透過遊戲條例來指導家長如何幫助孩子建立良好的網路・遊戲使用習慣，那我可以理解。但問題是，當初制定條例的理由是為了「預防遊戲成癮」，那麼遊戲條例是否真的符合這個目標，就值得商榷了。

山田太郎認為應該要對遊戲條例的成效進行檢討，例如：是否真的改善了香川縣的網路・遊戲成癮問題？香川縣民真的有遵守遊戲條例嗎？

香川縣政府應該要廣泛聽取各方意見，包括：教育界、醫學界以及孩子們的想法。政策制定者通常都對政策很有信心，不願承認錯誤。因此，香川縣政府應該要委託第三方，針對遊戲條例的成效進行評估，並將結果公諸於世。

施行兩年的「檢討條款」

香川縣遊戲條例的「附則」（規定法律附帶事項的章節）中，有以下條文：

〈施行日期〉

1. 本條例自令和2年（2020年）4月1日起施行。

〈檢討〉

2. 本條例的各項規定應在施行滿兩年後進行檢討，評估其執行狀況。如有必要，應根據檢討結果進行適當的修正與補充。

第二條即所謂的「檢討」。根據日本參議院法制局網站上的「法律之窗」專欄對「檢討」的說明如下：

> 此類條款的設置目的在於確保法律能夠因應未竟之課題或未來環境變化，在必要時採取適當的立法措施。此外，對於執政黨與在野黨意見分歧的法案，這類條款常作為妥協方案納入；亦可作為國會審議法案時的修正條款。

遊戲條例自制定以來便爭議不斷，施行後也持續受到質疑。在條例施行兩週年的2022年4月即將到來之際，香川縣政府及縣議會將會採取什麼樣的應對措施呢？

2021年11月，在條例施行兩週年前的半年，兩位高松市民眾為了促使縣議會著手檢討條例，向議會提交了陳情書。這兩位民眾分別是IT工程師野中康生（28歲）和岸本充裕。他們要求議會根據條例附則，在條例施行兩年後展開「檢討」。

香川縣律師公會曾在2020年5月發表會長聲明，指出遊戲條例可能侵害受憲法保障的「自我決定權」，要求廢除條例並立即刪除第18條第2款。野中等人主張：連法律專業團體都要求廢除，可見在法律上確實有問題；因此，縣議會、縣政府和教育委員會都應該重新檢討，並交換意見。他們也指出，條例中出現高達52次的「網路・遊戲成癮」一詞缺乏科學根據，容易讓人誤以為是一種已經被確認的疾病，因此，要求相關單位檢討以該詞彙作為法令用語的妥適性。

條例給人將網路和遊戲視為絕對的「惡」的感覺，因此，希望刪除「網路・遊戲成癮」一詞。

12月14日，也就是11月份例行會議的最後一天，議會針對這份陳情案進行了表決。共產黨議員團的秋山時貞議員主張應採納陳情案，並在議會中發言：

缺乏科學根據的對策會產生適得其反的效果。深陷質疑的條文真的適當麼？我認為，縣議會作為制定條例的單位有責任好好檢討這些問題。

然而，在隨後的表決中除了共產黨議員團、自民黨議員會和香川立憲未來（「自由香川」於２０２１年4月更改名稱）等三個黨派的16名議員外，其餘的議員都投下反對票。陳情案最終以「不採納」告終。這也代表縣議會決定不展開「檢討」。當天在場旁聽的野中表示，議會並沒有說明不採納的理由。

我感到非常遺憾。坦白說，我覺得議會的討論過程非常不透明，希望議會能更加公開、透明。

同一天，高松市議會的議員也在一般質詢中針對遊戲條例提出質詢。條例第10條規定「市町村也應配合推動網路．遊戲成癮防治措施」，但高松市長大西秀人表示，當初縣議會在制定條例的過程中，市政府並沒有機會表達意見。針對是否會向縣政府要求重新檢討或修改條例時，大西市長表示：

中央政府認為目前遊戲時間與遊戲障礙之間的因果關係尚缺乏科學根據，還需要進一步研究。因此，我們將根據研究進展再決定是否要向縣政府提出要求。

時序進入2022年，香川縣政府在2月份公佈了新年度的總預算案。其中網路．遊戲成癮防治的經費約為1千72萬日圓，比前一年度增加了120多萬。除了延續前一年度的宣導活動，例如：舉辦講座、發放傳單等，以及製作和發放針對中小學生的學習單外，新年度還新增了針對小學生及其家長的體驗式工作坊。此外，還編列經費補助民間團體試辦「數位排毒營」，讓兒童得以遠離網路環境一段時間。

在發表預算案的記者會上，我詢問了濱田惠造縣長，在條例施行兩年後，他是如何總結這兩年來的成果，並編列新年度預算的。

我們一直都有編列預算處理這個問題，條例施行後，我們也延續過去的做法，編列了相關預算，並確實執行相關措施。

——條例的附則有提到「施行兩年後，應視情況進行必要的檢討」。請問縣長，在考量這兩年來的成效後，是否有打算檢討條例的內容呢？

從預算編列的角度來看，目前並沒有考慮到這一點。

或許是因為記者會的主題是新的年度預算案，所以縣長並沒有正面回應我的問題。然而，不論是代表質詢、一般質詢，還是各常設委員會的討論，都沒有任何議員針對網路・遊戲成癮防治措施提出質詢。轉眼間，條例已經施行滿兩年了，但到了4月，縣議會仍然沒有任何動靜。4月28日，縣議會召開臨時會議，並依慣例進行正副議長改選。在新任議長高城宗幸的就任記者會上，我向他提問：

——條例的附則中有提到「條例施行後兩年，應視情況進行檢討」，也就是所謂的「檢討」條款。請問議長打算如何檢討呢？

教育委員會之前有做過問卷調查，結果顯示孩子們玩遊戲的時間並沒有減少，反而增加了。附則中雖然提到要在條例施行兩年後進行檢討，但現在的情況是條例的成效還沒有顯現出來，所以我個人認為現階段還沒有檢討的必要。

——在旁聽2月份的例行會議時，我發現不論是在議員質詢，還是在委員會的討論中，都沒有人提到網路．遊戲成癮防治的問題。這是否意味著條例已經制定，事情就此結束了呢？請問議長未來是否會採取措施，例如，向中央政府提出建議等？

香川縣率全國之先制定了遊戲條例，我個人認為這是正確的。至少，我認為這是一項好的條例。未來我將會繼續與教育委員會等單位合作，研擬如何繼續推動相關措施。

條例附則中有提到「施行兩年後，應進行檢討」，但無論是縣政府還是縣議會都沒有具體的「檢討」動作。為此，我請教了熟悉地方自治的香川大學三野靖教授。

——請問附則是否不具法律效力？

不，附則當然有其效力，因為條例中已經明文規定，所以有一定的約束力。只不過這種約束力並不是絕對的，比較像是「努力義務」（即應當努力執行，但未必有強制性）。不過，這項條例是由議員提案的，縣議會還加入檢討條款這等於是「自我約束」；但現在卻自打嘴巴，裝作沒這回事。雖然沒有強制規定一定要檢討，但我認為至少應該討論一下是否需要檢討吧。

三野教授指出，新冠疫情改變了人們對網路和遊戲的看法，也改變了其作為一種工具的定位。即使兩年前，香川縣認為有制定遊戲條例的必要，但兩年後的今天，情況可能有所不同了，因此有必要重新檢視條例的內容。

說到「檢討」，神奈川縣的做法可說相當先進。神奈川縣規定凡是限制或賦予縣民權利的條例，都必須制定「檢討」程序，定期檢討條例內容。檢討作業由負責管理條例的各個單位執行，並根據必要性（是否還有必要存在）、有效性（目前的條文是否能解決問題）、效率性（是否符合效率）、基本方針適合性（是否符合縣政的基本方針）和合法性（是否違反憲法或其他法律）等五個面向，來判斷是否需要廢除、修改或改善執行方式。檢討結果會公布在縣政府網站上。2021年度，神奈川縣政府共檢討了8項條例，並對其中3項進行修正或改善執行方式。

三野教授建議香川縣政府可以參考神奈川縣的做法。

> 條例一旦制定就會開始「自行運作」。隨著時間的推移，社會環境也會有所改變，而條文的解釋和實際運作也可能偏離當初的制定目的。如果能像神奈川縣

那樣設定明確的指標，就能避免條例遭到恣意解讀和濫用了。

4月4日，也就是條例施行兩週年的日子，我在縣長例行記者會上向濱田縣長提問：

——請問縣長關於附則中提到的檢討，你們打算如何進行呢？

基本上，這部分會由教育委員會和縣政府的健康福利部門負責，但目前還沒有具體的檢討方向。

——神奈川縣為了檢討條例特別制定了相關規則，並根據必要性、有效性、效率性、基本方針適合性，及合法性等五個面向進行檢討，並將檢討結果公布在縣政府網站上。香川縣的遊戲條例受到全國矚目，請問縣長是否有考慮比照神奈川縣的做法，將檢討結果對外公布呢？

我不太清楚神奈川縣的做法，所以不太清楚你的意思……。我們之後會再研究看看。制定條例是為了回應社會的需求，而縣議會也基於這個理由通過了這項條例，因此，我們會依法行政。我們會持續檢討所有條例的有效性，這次也會考量條例中的相關規定，盡量以大家都能接受的方式來處理這件事。

6月17日照例舉行6月份的例行會議，原本沒有任何動靜的香川縣議會終於有了動作。共產黨議員團要求議長針對條例的施行狀況等問題，展開檢討。他們主張「在新冠疫情的影響下，網路環境已經發生了劇烈變化，必須盡快根據實際情況，檢討條例的施行狀況」，並要求議會成立專案委員會盡快展開「檢討」作業。秋山議員表示：「有民眾批評縣政府不遵守條例規定，根本是「知法犯法」。我認為這種說法並非毫無道理，因此，縣政府確實有必要好好檢討條例內容。」

6月29日，在香川縣議會的文教厚生委員會上，秋山議員針對條例附則中提到的「檢討」作業，詢問了兒童政策推進局局長井元多惠。

> 關於網路．遊戲成癮防治措施，目前是由各相關單位負責推動各項措施，並定期追蹤。行政部門會定期彙整、評估，並向議會報告，以及聽取議會的意見。
> 未來我們也會繼續向議會報告各項措施的執行狀況，並聽取議會的意見。

井元局長的回答有些含糊不清。不禁讓人聯想所謂的「向議會報告，以及聽取議會的意見」就等同於履行了附則中的「檢討」。為此，秋山議員當場提出了質疑：「請問局長，條文中所說的『評估、檢討』，到底該由誰來執行呢？我認為這是議員的責任，所以才會提議成立專案委員會。請問局長，你認為應該由誰來負責呢？」

對此，井元局長表示：「附則第2條中，並沒有明確規定由誰來負責」，接著又說：「我們會彙整各項措施的執行狀況進行評估，並參考條例中規定的教育委員會調查結果，以及中央政府的政策方向後再向議會報告，並在聽取議會的意見後，再決定未來的方向」。由於這是香川縣的條例，即使條文中沒有明確的主詞但理應由縣政府來執行。考慮到該條例是由議員提案的，井元局長此番回應強化了「向議會報告」、「聽取議會的意見後，再決定是否進行檢討」，讓條例檢討陷入曖昧不明的狀態。

秋山議員接著詢問，縣政府是否計畫公開過去兩年來所推動的政策、遇到的問題。井元局長表示：「我們會在議會上向議員們說明我們的看法，這就是我們理解的『彙整、評估、檢討』。」再次表明不會對外公開相關資訊。

這一連串的發言讓我感到相當驚訝。附則中提到「考量施行狀況進行檢討」，但縣長在4月初的記者會上卻表示「目前還沒有具體的檢討方向」。之後，我也多次詢問負責的兒童政策課「你們打算如何進行附則中提到的檢討作業？」但對方總是回答：「還沒有具體的決定」。然而，井元局長卻在當天表示：「我們都有向議會報告，並聽取議會的意見」，給人已經「完成」檢討的感覺。

的確，議員是民眾的代表沒錯。但真的可以把「向議會報告」等同於向民眾說明了嗎？在條例施行兩週年前後，縣議會在2月份的例行會議上完全沒有提出任何質詢；在6月份的例行會議上，也只在文教厚生委員會上略為提到，這是唯一在議事錄中留下的相關討論。

7月8日，香川縣議會議長高城表示：「我不打算召開檢討委員會，這是我們在聽取各黨派意見後，所做出的決定」。秋山議員對此感到相當憤怒，他批評：「縣議會當初信誓旦旦地說要制定遊戲條例，現在卻不願意為此負起責任，這要我們如何向民眾交代？」

線下營隊

雖然遊戲條例附則中規定的「施行兩年後應進行檢討」不了了之，但媒體仍有責任持續監督香川縣政府，根據條例推動的相關措施。

在2022年度，也就是條例施行後的第三年的預算案中，大多數網路．遊戲成癮防治措施都是延續前一年的計畫，但有一項新計畫就是「線下營隊」。這計畫主要是讓想要重新審視網路．遊戲使用習慣的學生，透過住宿及戶外活動暫時遠離網路環境。類似的計畫已在兵庫縣等地推行，香川縣政府預計在2022年度以「驗證成效」為前提試辦這項措施。營隊的營運委託給高松市的三光醫院，該醫院設有專門治療網路．遊戲成癮的兒童門診。結束後，由專家組成的驗證委員會評估成效，及改進之處。值得注意的是，這是香川縣政府在推動網路．遊戲成癮防治措施後，首次引入「第三方」進行評估，因此格外引人注目，尤其是在縣議會沒有善盡「檢討」責任的情況下。

參加的對象是小學五年級到18歲以下的學生，預計在8月7日到11日，於高松市的五色台少年自然中心（戶外住宿設施）及其周邊舉行，為期五天四夜。也預計在約三個月後的11月6日，舉辦後續的營隊。營隊期間禁止攜帶智慧型手機、遊戲機等電子產品，因此，有媒體以「斷網營隊」來稱呼這個營隊。先前，香川縣才因「遊戲時間一天只能一小時」的規定而聲名狼藉，這次的招生資訊在網上曝光後，也引來眾多的批評：不用把遊戲妖魔化成這樣吧、香川縣的孩子真可憐……等等。

對此，負責運營的三光醫院院長海野順強調，此活動並非「網路與遊戲＝壞，戶外活動＝好」的二元對立計畫，而是希望提供孩子們重新審視生活、挑戰新事物的機會。

這不是一場「網路．遊戲＝惡，戶外、自然＝善」的活動。我們的目標是讓孩子重新審視自己的生活方式，培養挑戰新事物的勇氣。

本次活動預計招收12名學員，但卻有超過40人報名。在7月18日的招生說明會上，雖有部分學童因身體不適而缺席，但仍有34名學生及家長參加。根據海野院長表示，過去其他縣的類似營隊幾乎從未額滿過，這次的招生狀況顯示縣民對這個議題的關注。

我在說明會上詢問了參加的學生，發現大部分都是自願報名，不是被父母逼迫參加的。雖然我知道外界對線下營隊有很多意見，但我可以向大家保證，這絕對不是大人或父母的一廂情願，這點請大家放心。

我在說明會現場訪問了幾位學生和家長。一名國二男生表示，他平常一天花在遊戲上的時間大約是3～4個小時，觀看影片大約5～6小時。

> 我和爸媽討論後，覺得這樣下去真的不行，才決定報名的。雖然曾經試著縮短玩遊戲和看影片的時間，但總是隔天就故態復萌了。

這位學生的母親表示，過去他們家的規定是念小學時不買遊戲機；但進入私立國中後，學校發給每個學生一台平板電腦用於上課和寫作業。結果就變成現在這樣，一發不可收拾。

> 雖然學校設有網路過濾系統，但孩子們會互相交流，破解過濾的方法。他常常騙我說他在寫作業，但其實是在看YouTube或玩遊戲。我現在必須時時刻刻盯

著他，才能讓他乖乖寫作業。我希望他能透過這次營隊學會自律。

另一位小五男童的母親則表示，孩子放假時可以花8個小時玩遊戲和看影片。我跟他說只要把該做的事情做完就可以玩遊戲，但他總是玩個不停，讓我有點擔心。這位母親對於營隊充滿期待。

我希望他能透過營隊體驗到網路世界以外的樂趣，不要只會待在家裡玩遊戲。他現在的想法是只活在當下，開心就好，但我希望他能稍微把眼光放遠一點，想想自己的未來。

8月7日開始的營隊原本預計招收12名學員，但因為報名人數過多，最後決定擴大招生，共有20名學員參加。主辦單位根據7月份招生說明時的個別面談、團體活動，以及學員的年齡、性別等因素，最後錄取了12名男生和8名女生，年級從小學五年級到國中三年級都有。三光醫院院長海野表示，過去到「兒童門診」求診的患者，有九成以上都是男生，因此，他原本預期這次應該也是男生居多；沒想到，最後錄取的女生比想像中多很多。從成癮類型來看，男性較多是「遊戲成癮」，而女性則傾向「網路成癮」。如果就診，部分孩子可能會被診斷為「遊戲障礙」，但大多數仍屬於「傾向群體」。

由於日本在7月下旬爆發了第七波疫情，香川縣的單日確診人數也多次破千，營隊的舉辦一度陷入危機。幸好，最終在強化防疫與健康管理的前提下，如期舉行了。

我原本打算對營隊進行五天四夜的貼身採訪，將學員們的轉變記錄下來，但主辦單位卻通知我「媒體只能在第一天早上和第四天下午進行採訪」。我向主辦單位表示，希望能採訪最後一天的「成果發表會」，但主辦單位還是以「參加營隊對這些孩子來說已經是一大挑戰了，如果再讓媒體採訪可能會讓他們倍感壓力」為由，婉拒了我的請求。

第一天下午有場針對兒童、青少年和家長的講座，負責的是高松市社團法人「hito.Toco」的理事長宮武將大（36歲）。該機構主要提供身心障礙者的就業輔導、逃學及繭居族的諮詢服務。講座中，宮武先生分享了自己十幾歲時沉迷於遊戲的經驗。

> 我那時候並不是因為喜歡玩遊戲才一直玩的，而是除了玩遊戲外，我找不到其他事情可以做。

宮武在小學六年級時開始逃學，過著長達八年的繭居生活。當時，生活作息日夜顛倒，每天花超過10個小時玩遊戲。擔任主持人的三光醫院院長海野詢問宮武：「當時你成天待在家裡玩遊戲，應該會被貼上『懶惰』、『逃避現實』的標籤吧？但事實上，你並不是因為覺得輕鬆才一直玩遊戲的，對吧？你當時應該很痛苦吧？」

我雖然每天都很認真地玩遊戲，但我一點也不快樂。我只是想填補內心的空虛。因為只要一閒下來就會開始胡思亂想，例如：為什麼無法去上學？我的未來會變成什麼樣子？嚴重時，甚至會想乾脆死了算了。但只要開始玩遊戲，就能暫時忘記這些煩惱。

這次參加營隊的學員雖然大部分都只是「網路．遊戲成癮」的「預備軍」，但他們的父母卻每天為了孩子的網路、遊戲使用習慣而傷透腦筋。我詢問這些家長，對於引發諸多爭議的網路．遊戲成癮防治條例有什麼看法。

我認為制定條例是件好事。我知道每個人對這件事都有不同的看法，但既然縣政府制定了條例就表示社會上還是有很多人不認同孩子長時間玩遊戲。（國二男生的母親）

學校老師之前也常常要我們寫，孩子每天玩多久的遊戲，好像玩遊戲是什麼十惡不赦的壞事一樣。我當時也很猶豫，到底要不要禁止孩子玩遊戲……

——條例中有提到「一天只能玩一小時」的建議，請問你是否覺得這對家長來說是一種壓力？

因為有了這樣的標準就會讓人產生「超過這個時間就是不對」的想法。這點讓人有點疑惑，也因此而感到苦惱。（小六男生的母親）

制定條例或許可以讓相關機構更容易地推動政策吧？像這次的營隊能夠成立，可能也是因為條例的關係。所以我認為這並不是壞事，至少不是沒有意義的。

（小六、國三女生的母親）

8月10日，也就是營隊的第四天，我再度前往營區採訪。當天，學員們正在進行名為「堆木柴」的戶外活動。他們分成五組，每組的木柴都一樣多，比賽看誰堆得最高。如果一開始就把木柴都拿去當底座，雖然比較穩固但就會比較矮。學員們集思廣益，嘗試各種堆疊方式。其中一組成功找到平衡點，堆出相當高的木柴塔，讓其他學員忍不住發出讚嘆聲。這些學員雖然都是第一次見面，但在大學生輔導員和三光醫院工作人員的帶領下，很快就打成一片。除了堆木柴比賽外，也安排了營火晚會、製作鯛魚飯、烤披薩、觀星等活動。

如果只看這些活動內容，可能會以為這只是一個普通的戶外體驗營，但這個營隊最特別的地方就是每天都會舉行「心理課程」。內容是由香川縣政府委託三光醫院設計的成癮治療教材《i Swing》的精華版，共分為五個單元。課程採用「認知行為療法」的技巧，讓學員們在回顧自己的生活作息中，想想自己為什麼會沉迷於網路和遊戲，以及要如何在不影響生活的情況下使用網路和遊戲。

想要玩網路和遊戲並不是因為你們意志力薄弱，或是個性懶散，而是自然發生的現象。

三光醫院的臨床心理師野仲和真，除了講解課程內容外，也會帶領學員進行分組討論。每個單元約花1～1.5小時。當天的主題是「誘發因子」，也就是讓人想使用網路和遊戲的人事物。學員們在輔導員的引導下，思考自己的生活中有哪些誘發因子，該如何應對。

輔導員：「當你看到線上遊戲的好友上線時，會不會很想馬上打開遊戲？」

小五女生：「對啊，我超想玩的。」

國二男生：「我爸媽如果唸我，我就會很想玩遊戲，還有，遇到不喜歡的人，或是壓力很大時，也會很想玩遊戲。」

輔導員：「爸媽唸你，反而會讓你更想玩遊戲？」

國二男生：「對啊。」

臨床心理師野仲和真談及這次心理課程的目的時表示：

離開營隊後，你們的生活還是會回到原本的樣子，到時候可能會故態復萌。我希望你們可以透過這次的營隊，學習如何與網路、遊戲和平共處。

參加營隊的20名學員度過了沒有手機和遊戲陪伴的五天四夜，但幾乎沒有學員抱怨「不能玩手機和遊戲，好痛苦」。我在第四天下午訪問了幾位學員，詢問他們參加營隊的感想，以及印象最深的事情。學員們都表示這五天過得很充實。

我覺得這五天，比我平常玩遊戲和上網的日子還要充實、有意義。（國二男生）

我聽了老師的話「世界上有很多好玩的東西，不只是遊戲而已，只要願意嘗試一定可以找到喜歡的事。」所以，我決定要努力找看看。

——所以，你以前都只會玩遊戲？

對啊，因為我不知道除了玩遊戲外，還能做什麼。我每天幾乎都在玩遊戲。雖然爸媽會唸我，但我總是說，再讓我玩一下下就好，結果就這樣玩了一整天……（小五女生）

很開心可以認識到新朋友。我平常一天會花10小時玩遊戲，原本以為我會很想玩遊戲，沒想到我一點也不覺得無聊，反而過得很開心。

——你覺得參加完營隊後，你的生活會有所改變嗎？

應該會吧。我以後應該會少玩一點遊戲。（國一男生）

營隊的目的是希望透過各種活動讓學員們獲得「真實的成就感」，從而建立起自我肯定。三光醫院院長海野表示，最讓他印象深刻的是一位看起來不太擅長與人交際的國中男生，在最後一天被問及感想時回答：「我第一次感受到自己活著的感覺。」這讓海野院長認為，營隊的效果是醫院裡的治療和課程無法達到的。

當然，並不是每個孩子都適合參加營隊。我希望未來能找出哪些孩子適合參加營隊，哪些適合接受其他治療方式。我的最終目標是結合醫院治療、營隊活動、學校教育等各種資源，找出最有效的治療方法來幫助這些孩子。

違憲訴訟判決出爐

當時還是高中生的涉及其母親，對香川縣政府提起的「違憲訴訟」，始於2020年12月，之後大約每隔兩到三個月就會在高松地方法院開庭審理一次。由於原告和被告會輪流提交準備書狀，因此，隨著訴訟的進行，參與旁聽的記者人數也越來越少了，但我每次都會到場採訪，並持續報導相關的新聞。2022年5月和7月，法院分別召開了第七次和第八次口頭辯論，訴訟程序也逐漸進入尾聲。這場訴訟的關鍵在於對原告的「本人訊問」。在這個階段，涉必須親自向法官說明條例的制定侵害了他的哪些權利，以及他決定提起訴訟的原因。在這之前，由於訴訟程序都是以書面往來的方式進行的，因此，我希望能透過新聞報導讓更多的人聽到涉的心聲。

涉在2021年3月高中畢業後，於4月前往外縣市的大學就讀。他最後一次出庭是在2021年6月的第三次口頭辯論，之後都是由他的委任律師作花出庭應訊的。

5月16日的第七次口頭辯論，即將到來。我在黃金週假期結束後，打電話給作花律師，詢問他準備在這次的口頭辯論中提出哪些書面資料。沒想到作花律師卻告訴我一個令人震驚的消息。

我聯絡不上涉，所以已經在3月辭去他的訴訟代理人一職。

之前我就斷斷續續聽到作花律師從1月開始，就很難聯絡上涉了。而涉用來發布訴訟相關訊息的推特帳號，也從2021年9月的第四次口頭辯論後就沒有再更新了。當時，涉在推特上表示「因為身體不適，無法前往出庭」。之後，作花律師一直透過涉的母親（也是原告之一，以及涉的法定代理人）來處理相關事宜。由於日本在2022年4月修改了民法，下修成年的年齡；因此19歲的涉已經是法律上的成年人了。在無法確認本人意願的情況下，作花律師無法再繼續擔任涉的訴訟代理人，因此辭去代理人一職。

我原本以為只要請涉寫一份陳述書，或是讓他出庭接受訊問，就可以結束訴訟程序了……。如果我能聯絡上涉，我當然願意繼續擔任他的代理人。

我趕緊撥打涉的電話，但卻聽到「您撥打的電話，目前沒有回應」的語音訊息。

第七次口頭辯論如期舉行。由於我打算將這次的開庭畫面剪輯到5月28日播出的網路・遊戲成癮防治條例特別報導第二彈《遊戲條例再探》中，因此事先向法院申請了攝影許可。然而，當天原告席上卻空無一人。

開庭後，審判長天野法官宣佈原告已於日前分別提交了「訴訟代理人辭任狀」和「訴訟撤回書」。旁聽席上頓時議論紛紛。被告香川縣政府並不同意原告撤回訴訟，因此，法院駁回了原告的訴訟撤回申請。天野法官在確認被告沒有其他意見後，宣佈取消之後的口頭辯論。

本案辯論終結，將於8月30日下午1點宣判。

散庭後，記者們紛紛圍住被告的委任律師詢問相關問題。香川縣政府的顧問律師宮崎浩二表示：我們也不清楚原告撤回訴訟的原因。據瞭解，法院是在5月9日，也就是黃金週假期結束後，才通知香川縣政府原告撤回訴訟一事。而原告母子早在4月25日便已提交了訴訟撤回書。當記者詢問宮崎律師，香川縣政府是否曾經考慮同意原告撤回訴訟時，宮崎律師表示：不能因為原告撤回訴訟就當作這場官司沒有發生過，我們已經充分表達縣政府的立場。

與此同時，另一場與本案相關的訴訟——圍繞著律師費用爭議的住民訴訟，其原告松崎先生透露，自今年1月以來他也無法與涉先生取得聯繫。他擔憂地表示：「除了來自各方的壓力，網路上的誹謗攻擊似乎也相當嚴重。」說到這裡他輕輕咬住嘴唇，語帶愧疚地補充：「沒能給予足夠的支持真的很抱歉。」

由於無法採訪到涉本人，無法直接詢問他撤回訴訟的原因，因此我不願憑空揣測。當天我只報導了原告撤回訴訟、被告不同意撤回訴訟，以及法院將於8月宣判等事實。

除了想知道涉撤回訴訟的原因，我也很擔心他的處境。自從聽聞作花律師辭去代理人後，我便開始透過各種管道試圖與涉聯絡，但始終沒有結果。然而，就在當天傍晚的新聞播出後，手機聲突然響起，我看了一眼來電顯示發現是未知號碼。「喂……」電話那頭傳來涉的聲音。他的聲音聽起來和以前沒有什麼不同，這讓我稍微鬆了一口氣。

然而，涉對於這段時間發生的事情與作花律師的說法有所出入。他表示，和作花律師是在雙方都同意的狀況下解除委任關係的，至於為什麼要解除委任關係他並沒有透露。他說，他曾經試著找其他律師，但沒有律師願意接手他的案子，所以他才決定「先撤回訴訟，重新整理訴訟策略」。我聽完之後心想，如果法院允許原告以這種方式一再地撤回訴訟再重新起訴，那麼這場官司將永遠打不完。我感覺到涉身邊似乎沒有人可以給予他適當的建議和協助。雖然涉最後還是沒能成功撤回訴訟，但他表示「我該說的話都已經在法庭上說清楚了」。

8月30日判決當天，法院外聚集了許多民眾排隊領取旁聽證。這次的旁聽席只有36個座位，但領取號碼牌的人卻多達41人。從2020年12月的第一次口頭辯論開始，到今天已經是第八次開庭了，我和這些經常來旁聽的人都已經混熟了。雖然我們的年齡、職業各不相同，但都十分關心這起訴訟的發展，我們簡單地打過招呼後就沒有再多說什麼。現場的氣氛和第一次開庭時那種既期待又緊張的感覺，完全不同。

由於法院駁回了原告的訴訟撤回申請，因此，法官將根據雙方在這段時間的主張做出判決。由於原告在訴訟過程中選擇了「中途退出」，外界普遍認為原告勝訴的機率微乎其微。尤其是在被告提出「原告並未受到具體的權利侵害」的質疑後，原告既未出庭作證，也沒有提交任何陳述書，這對原告來說是非常不利的。不過，香川縣律師公會先前曾發表聲明指出遊戲條例「可能違憲」，並要求廢除條例。因此，部分人士認為就算法官沒有做出「違憲」判決，也可能會在判決書中提及條例的爭議性。

高松地方法院四樓，二號法庭。原告席上依然沒有涉的身影。我和涉從5月以來，就一直透過電子郵件保持聯繫。他原本打算親自到庭聆聽判決的，但在最後一刻卻臨時通知我「不能來了」。

三名法官魚貫進入法庭。第一次口頭辯論時是由三名女性法官組成合議庭，之後除了審判長天野智子外，其他兩名法官都已更換，因此這次的判決是由天野法官、玉岡伸也法官，以及唐澤開維法官，三人共同做出的。在媒體拍攝完兩分鐘的法庭畫面後，審判長天野法官開始宣讀判決主文。

主文，原告之訴，駁回。訴訟費用，由原告負擔。以上宣判完畢。

原告敗訴——這個結果在我的意料之中。天野法官在宣讀完判決主文後，隨即和另外兩名法官離開法庭。在日本的民事訴訟中，法官通常不會在法庭上宣讀判決理由。我從法院的總務課領取了判決書摘要和判決書全文後，便迫不及待地翻閱起來。

總而言之，法官在判決書中完全否決了原告的主張，並全面接受被告的主張。

媒體拿到的判決書摘要只有2頁，而判決書全文則長達65頁。以下我將針對判決書的重點，以及法院對於主要爭議的見解進行說明。（由於判決書的用字遣詞比較正式、嚴謹，加上篇幅冗長，我將在不影響文意的前提下，對部分內容進行刪減、潤飾，以方便讀者理解。）

法官在判決書摘要中開門見山地表示「本條例並未違反日本憲法和兒童權利公約，因此，原告的主張，不能成立」。接著，法官針對判決理由進行說明。

首先，針對第一個爭議焦點，也就是條例的「立法事實」是否存在。換言之，香川縣政府是否有必要制定這項條例。法官認為，過度使用網路和遊戲可能會對個人造成社會生活上的問題和障礙，而青少年更容易受到影響，因此，預防網路．遊戲成癮確實有其必要性。此外，法官也認為條例中要求家長在參考遊戲時間建議的同時，也要注意孩子是否出現網路．遊戲成癮的症狀，並積極與孩子溝通，這樣的規定並不算不合理。

接著，針對第二個爭議焦點，也就是原告的「權利」是否受到侵害。法官認為，條例並沒有對原告做出任何具體的限制，就算條例中真的有部分內容限制了原告的權利，但考量到條例的規範目的以及條例本身並沒有強制性；因此，這樣的限制屬於「必要且最小限度的限制」，並未侵害原告的權利。

以下，我將針對幾個比較具體的爭議點，說明法院的見解。

▼網路．遊戲成癮到底算不算是一種疾病？是否有科學證據可以證明網路．遊戲成癮的存在？

法官認為，目前醫學界對於「網路成癮」尚未有明確的定義，而精神醫學、心理學、教育學等領域的學者，也還在對此進行研究。此外，學界對於網路成癮究竟是「疾病」，還是「狀態」，或是像「賭博成癮」一樣屬於「成癮行為」，也有不同的看法，目前尚未有定論。不過，法官也認為過度使用網路和遊戲確實可能會對個人造成社會生活上的問題和障礙，因此「預防網路．遊戲成癮，確實有其必要性」，至於要不要將網路．遊戲成癮稱為「網路．遊戲成癮症」，則不是重點。

雖然原告主張「網路．遊戲成癮症」並不存在，但法官卻認為，重點不在於網路．遊戲成癮究竟是「疾病」還是「狀態」，也不在於要不要將網路．遊戲成癮稱為「網路．遊戲成癮症」。

此外，雖然法官也承認目前醫學界對於網路．遊戲成癮尚未有明確的診斷標準，但考量到近年來因為沉迷網路和遊戲而導致身心健康和社會適應出現問題的青少年人數，確實有增加的趨勢，就算目前還沒有足夠的科學證據可以證明網路．遊戲成癮的存在，香川縣政府還是有必要制定相關條例，呼籲家長多關心孩子的網路・遊戲的使用狀況，並積極與孩子溝通。

▼條例是否違反憲法第94條？

原告主張，政府曾在國會答詢時明確表示「目前沒有科學證據可以證明網路・遊戲成癮的確存在」。香川縣政府以該條例進行規範，超出了地方自治體立法的權限，違反了《憲法》第94條（規定地方公共團體只能在法律範圍內制定條例）。

對此，法官認為，中央政府雖然沒有制定網路・遊戲成癮防治的相關法律，但相關部會也開始參考專家意見，研擬相關對策；不能斷言中央政府完全沒有制定網路・遊戲成癮防治相關法律的打算。因此，法官駁回了原告的主張。

▼條例是否違反憲法第13條？

憲法第13條保障人民的「幸福追求權」。原告主張，家長有權決定孩子在家裡可以使用多久的網路和遊戲，孩子也有權利參加電競比賽。但香川縣政府所制定的網路・遊戲成癮防治條例，侵害了人民的「幸福追求權」。

對此，法官認為，玩遊戲、使用智慧型手機、參加電競比賽都只是「興趣」，並非「維持個人人格發展不可或缺的權益」，也沒有直接影響到個人的「自我決定權」和「隱私權」。因此，不能算是憲法所保障的「基本人權」。為此，法官駁回了原告的主張。

各界對於判決結果的看法

被告香川縣政府在判決出爐後隨即發表聲明，表示「本縣政府尊重法院判決。未來將繼續努力讓更多縣民瞭解網路・遊戲成癮防治條例的立法目的，並積極推動相關的防治措施」。香川縣縣長濱田惠造也在第一時間發表聲明「法院的判決證明香川縣政府的主張是正確的。未來我們將繼續努力保護縣民免於網路・遊戲成癮的危害」。

香川縣議會議長高城宗幸也發表聲明「法院的判決駁回了原告的訴求，並支持香川縣政府的立場，我認為這是個合理的判決。我希望香川縣政府可以繼續努力，落實條例的相關規定，協助兒童和縣民建立健康的網路和遊戲使用習慣」。

香川縣律師公會曾在遊戲條例審議期間發表聲明，指出遊戲條例「可能違憲」，並要求廢除條例。我詢問了參與聲明起草的律師馬場基尚，對於這次的判決結果有什麼看法。馬場律師表示，他在閱讀判決書時發現法官經常使用「並不算不合理」這類的雙重否定語句，給人一種「模稜兩可」的感覺。

這起訴訟關係到人民的基本權利，我認為法官應該要明確表達自己的立場，就算只是說『我認為』，也好過這種曖昧不明的說法。

此外，隨著IT領域與電子競技市的持續發展與擴張，法院仍將電子競技視為單純的「興趣與嗜好」，未將其認定為受基本人權保障的對象，對此，馬場律師表示：「法官在考量到目前的社會氛圍後，做出這樣的判決是可以理解的。但如果立法和行政機關仍繼續以這樣的思維來制定政策，可能會阻礙新興產業的發展。我很想知道十年、二十年後，甚至是更久以後的香川縣縣民會如何看待這項條例。」

判決當天旁聽席上坐著一對母子，他們在七月參加了高松地方法院舉辦的「暑期法院體驗營」後，開始對法院的運作產生了興趣，決定在暑假期間找一天到法院旁聽，而這天剛好就是遊戲條例違憲訴訟的判決日。我詢問這位母親對於遊戲條例有什麼看法。母親表示：「我其實有點擔心孩子會不會沉迷於遊戲，影響到日常生活。所以，我認為香川縣政府制定遊戲條例確實有提醒家長，多關心孩子遊戲時間的作用。」

——對於條例中建議的「一天的遊戲時間不要超過一小時」您有什麼看法？

我們家也有規定，孩子一天玩遊戲的時間不能超過一小時。不過，孩子常常一玩就停不下來，把時間都忘了。所以我覺得這個「一天一小時」的建議還是有一點提醒的作用，至少讓孩子知道玩遊戲的時間不能太長。

接著，我問這位小朋友能不能做到「一天不要玩超過一小時」。

我最近比較少玩遊戲了，所以應該可以做到。我之前很常一玩起遊戲就整個投進去，忘記時間，玩太久了。

這位母親表示，她雖然是第一次來旁聽，但之前就已經從新聞報導中得知這起違憲訴訟。

我聽說香川縣政府制定了一項遊戲條例限制孩子玩遊戲的時間，結果有一位高中生不服氣跑去法院告了縣政府。我覺得這確實讓更多人開始關注遊戲成癮的問題，這位高中生很有勇氣。

在當天傍晚的新聞中，我除了對法官的判決理由進行說明外，也整理了各界對於判決結果的看法。不過，最重要的還是原告涉對於判決的看法。我原本希望能請涉親自到法院聆聽判決的，但他在最後一刻臨時通知我「不能來了」。判決宣佈後我試著打電話給涉，但他都沒有接。一直到下午四點半我才收到涉的電子郵件，郵件只寫了短短兩行字：

> 對於法院沒有接受我們的訴求，我感到非常遺憾。將與相關人士討論後，再決定是否要上訴。

9月1日，也就是判決出爐的兩天後，另一場訴訟──要求返還律師費的住民訴訟，將進行第五次口頭辯論。這起訴訟與違憲訴訟不同（原告涉已經撤回訴訟），成為唯一還在進行的遊戲條例訴訟。曾經擔任涉的委任律師的作花弁護士在接受採訪時表示：「我原本以為就算法官沒有做出『違憲』判決，至少也會在判決書中提到遊戲條例的立法過程有瑕疵，沒想到法官最後做出完全相反的判決，我感到非常遺憾」。

松崎先生在訴狀中主張香川縣政府濫用稅金，制定違憲的條例。不過，這次的律師費訴訟和之前的違憲訴訟是由同一個合議庭審理的，且三名法官中有兩名法官，包括審判長，都參與了之前的違憲訴訟。因此，作花律師認為這次的判決結果應該和上次差不多。不過，作花律師也表示，他會考慮繼續上訴，希望最高法院能夠就遊戲條例的合憲性做出最終判決。

自從上次收到涉的電子郵件後，我就再也沒有他的消息了。根據日本民事訴訟法的規定，不服一審判決的當事人應於收到判決書隔日起14日內提起上訴。由於涉和他的母親都沒有出庭聆聽判決（8月30日），判決書是透過郵寄方式送出的。涉的母親在9月1日簽收了判決書，判決將在9月16日當天正式生效。而居住於外縣市的涉先生，法院曾兩度寄送判決書，但均未在郵局的保管期限內被領取。最終，高松地方法院依據《民事訴訟法》的「付郵便送達」規定，於10月17日將判決書視為已送達，並開始計算上訴期限。然而，在接下來的14天內，涉先生並未提交上訴狀。因此，11月1日，判決正式確定。從判決宣讀到正式生效共歷時兩個月。

涉在提起訴訟前曾發起網路募款，希望能募得訴訟費用和專家證人費用，最後募得六百多萬日圓，約有一千八百人捐款。涉原本承諾會在訴訟結束後舉辦說明會，向捐款人報告訴訟結果，但他最後只在網路上辦了一場線上說明會，也沒有提出任何專家證詞。許多網友紛紛提出批評，就連當初捐款支持的人也對他的做法感到不滿。

至少也要出來說明一下，到底發生了什麼事吧……

自從涉決定提起訴訟開始我就一直持續關注著，對於這樣的結果我感到非常遺憾和惋惜。判決出爐後，一位香川縣議員在推特上寫道：「我覺得這整件事根本就是大人利用這位高中生的單純，把他當成棋子來操弄輿論。」這段話深深刺痛了我。

就如同那位旁聽的母親所說的，涉能在高中時期就勇敢地站出來挑戰香川縣政府，確實讓更多的人開始關注遊戲成癮的問題。但我們是不是也給了這位高中生過多的壓力和期待呢？我們是不是也「利用」了他呢？這個問題一直縈繞在我的心頭。

香川縣議會議長高城宗幸在判決當天不僅發表了聲明說明他對於判決結果的看法，也針對我之前一直追問的「遊戲條例是否會在實施兩年後進行檢討」做出了回應。

在遊戲條例的附則中，雖然有提到「本條例實施後兩年應參酌實施狀況進行檢討，並於必要時採取適當措施」，但這並不代表縣議會一定要進行檢討。

迄今為止，我們已從執行部門收到相關政策的實施情況報告，現階段並未認為有必要進行任何修訂。我們認為執行部門將繼續基於本條例來評估相關政策的成效這次判決某種程度上為條例提供了「官方背書」，香川縣議會藉此強調附則中的「檢討」並不意味著一定要進行檢討。

然而，我想強調的是，就算法院認為遊戲條例「不構成違憲」，也不代表遊戲條例的內容和立法過程就沒有問題。我無法接受這樣的判決成為最終定論，讓爭議、討論就此畫下句點。對於這股「蓋棺論定」的氛圍，我將堅決抗拒到底。

終章

遺留的課題

意見徵詢投稿者的後悔

2022年9月某日，與我有約的女性大約晚了十分鐘左右才抵達，她說她搞錯碰面地點了。會面的約定雖然成功達成了，但她願意透露多少，我並不清楚。

坐在我面前的，正是我一直在尋找的人。她是曾受人委託，在遊戲條例的意見徵詢中，提交了「贊成意見」的女性。

正如本書開頭所述，我開始深入報導遊戲條例的契機，源於香川縣議會條例審議委員會所公佈的意見徵詢結果讓我感到有點「違和」。

透過資訊公開請求取得的意見徵詢原始文件，我發現「贊成」的數量明顯有灌水的嫌疑，且很可能是在同一台電腦上連續提交的。這樣的操作，可能是為了營造出多數民眾支持條例的假象，以便讓條例更加容易通過。然而，究竟是誰（或哪個團體）在背後操縱，目前仍不得而知。由於原始文件上所有提交意見者的個人資訊都被塗黑了，我們甚至無法確認這些人是否真的存在。

２０２１年6月，為了製作專題報導《遊戲條例大檢證》，我希望能再次採訪當時擔任條例審議委員會委員長的大山一郎議員，詢問意見徵詢的相關問題。在條例制定前，大山議員的回應相當積極，曾接受我多次的採訪。但自從我們指出意見徵詢的疑點後，大山議員便開始拒絕受訪，甚至在卸任當天迅速離開議會，不願對此多做說明。

為此，我決定以「發送採訪邀請」的方式，再次請求大山議員接受採訪。邀請函中列出的問題如下：對於許多「贊成意見」出現類似內容，委員長有什麼看法？為什麼條例審議委員會最後一次會議上所展示的概要版報告封面上，要將意見分為贊成、反對和建議等類別，並標註各類別的人數？

然而，直到截止日期，我都沒有收到任何回覆。於是我決定在6月22日，也就是6月份例行會議的開幕日，前往議會直接採訪大山議員。會議結束後，議場的大門打開。與上次不同，這次大山議員和其他議員一起，從前門走了出來。我邊拍攝邊向他提問：

——請問您願意接受有關網路．遊戲成癮防治條例的採訪嗎？

我已經不是委員長了。

大山議員頭也不回地走向樓梯，準備前往所屬黨派的休息室。

我現在只是一個普通的議員，沒有立場回答您的問題。

——但您當初是主導條例制定的關鍵人物吧？

什麼主導？我只是擔任委員長，並沒有主導。條例是大家討論後的結果。

——就算不是「主導」，但您當時身為委員長，應該也負有責任吧？現在外界對條例還有很多疑問，您願意回答嗎？

我們從五樓的會議廳一路走到三樓的議員休息室。我抓住機會，繼續追問：

——您擔任委員長時進行的意見徵詢中，許多「贊成意見」都出現了相同的內容，引發外界質疑，您應該有看過那些原始文件吧？

看過。

——那您有什麼看法？

我們沒有立場評論意見徵詢的內容。意見徵詢是民眾向議會表達意見的管道，議會無法對此發表意見。

——但您之前在記者會上說過，意見徵詢不是要大家表態贊成或反對，那為什麼還要在概要報告的封面上統計出贊成和反對的人數呢？

這一切都是議會內部……

正當大山議員準備繼續回答時，他突然中斷了採訪，並丟下一句：「今天，議長會統一對外說明。」隨後便走進自民黨香川縣議會黨團的休息室。

當天，西川昭吾議長便發表了針對自民黨議員聯盟、自由香川和共產黨議員團在4月所提交的「恢復縣議會公信力請求書」回覆。內容主要圍繞在意見徵詢的問題上。

針對許多贊成意見出現類似內容的質疑，議會的回覆是：「我們只是如實接受民眾所提交的意見，並沒有參與其中，也沒有立場和義務去確認或評論這些意見的來源或真實性。」至於為什麼要在概要報告封面上統計贊成和反對的人數，則回應：「由於收到了來自各方的眾多意見，為了方便整理，事務局才會將意見分類統計。」議會堅稱，條例的制定過程，沒有任何問題。

正當我苦於找不到新線索時，2021年2月，愛知縣發生了一起震驚全國的新聞——國際藝術節「愛知三年展」出現爭議，引發罷免縣長大村秀章的連署活動，結果卻爆出「連署造假」。據《中日新聞》報導，許多愛知縣民表示，自己沒有簽署過罷免連署書。愛知縣選舉管理委員會隨即展開調查，發現提交的43萬5千份連署書中，約有83%的連署書存在疑似同一筆跡的無效署名。《中日新聞》和《西日本新聞》的聯合調查更發現，工讀生將內含縣民姓名、地址的名冊內容，抄寫到罷免活動團體的簽名簿上（後來罷免活動團體的幹部因涉嫌違反《地方自治法》偽造署名遭到逮捕）。

罷免是讓選民可以直接對民選首長表達不信任的制度，如今卻爆出連署造假，這無疑重創了民主制度的根基。我對此感到非常震驚，也不禁聯想到香川縣遊戲條例的「意見徵詢灌水」事件。

同樣為此感到憤慨的還有那位對香川縣政府提起訴訟的涉同學。2021年3月15日，涉同學與其他14名縣內外人士以「意見徵詢造假」為由，向高松北警察署提交刑事告發，指控罪名是涉嫌偽造文書和行使偽造文書，嫌疑人不詳。告發理由：「這些人很可能是在未經他人許可的情況下，盜用他人姓名，或捏造不存在的個資，營造出多數縣民支持制定條例的假象。」涉同學在受訪時，說明了他提出刑事告發的原因：

雖然愛知縣罷免連署造假，和意見徵詢造假的案情並不相同，但我認為連署和意見徵詢都是民眾表達意見的重要管道，「偽造」是對民主政治的嚴重挑釁。

警方當場並未受理告發，而是以「暫時保管」的方式，表示會先詳細調查告發內容和相關證據。由於之前透過資訊公開請求所取得的資料都被塗黑，無法掌握關鍵資訊，因此，我非常期待警方能查出新的事實。

然而，這次調查並沒有像愛知縣的罷免連署案那樣，取得突破性進展。根據我從警方等相關人士所取得的資訊，警方並未以告發狀中提到的「偽造文書和行使偽造文書」罪嫌展開調查，而是以「偽造電磁紀錄和行使偽造電磁紀錄」罪嫌，要求香川縣議會事務局提交意見徵詢的發送數據，也就是包含發送者資訊的數據。議會事務局一開始拒絕配合，但在2021年夏天還是交出了資料。警方在聯繫發送意見的民眾後，確認沒有人表示「自己的名字被盜用」。由於案件還在調查階段，警方不願透露太多細節，但仍表示有許多民眾似乎是在「上司或同事的請求下，幫忙提交意見」的。只要本人同意，代為提交並不算違法。此外，就算真的有人在意見徵詢中造假，但與《地方自治法》中規定的罷免程序不同，意見徵詢並沒有罰則，因此立案門檻很高。

就在案件陷入膠著的2022年9月，我聯繫上一位自稱受到朋友委託，在意見徵詢中提交「贊成」意見的女性。

這位居住在香川縣的五十多歲女性表示，願意以匿名方式接受我的採訪。她說，委託她提交意見的是一位推動遊戲條例的縣議員的親戚。她還讓我看了當時的LINE聊天記錄。為了避免洩漏個資，我不會公開對話的內容。對方只是請她在意見徵詢中寫下贊成的意見，並沒有強迫或威脅的意味。

我之前在新聞上看過遊戲條例的報導，但沒有特別關注，也沒有深入瞭解。因為對方是朋友，所以當下就答應了。後來我上網查了一下，發現意見徵詢要填寫真實姓名和地址……

如果是選舉，就算你受到他人請託，但投票時你要投給哪位候選人別人是無從得知的。然而，意見徵詢卻要填寫真實姓名和地址，這等於留下了紀錄。「我當時就想，如果日後被人發現我提交了這樣的意見，那不就糟了？」這位女性表示，在這樣的情況下，她只能選擇「贊成」。然而，在看到我們的報導——在「贊成意見」中出現許多內容類似後，她也覺得「事情並不單純」。

我對照了這位女性所提供的意見提交時間，以及意見徵詢原始文件，找到了她所提交的意見。內容和那些被懷疑是連續提交的「希望大家都能提升意識」或「期待美好的未來」等制式內容不同，只是簡單寫了「我贊成」幾個字。根據統計，意見徵詢中，「反對意見」的平均字數為1千423字，而「贊成意見」的只有35字。或許，許多「贊成意見」都像這位女性一樣，只是迫於壓力或是礙於情面才寫下「贊成」的。

——請問您現在會後悔當初提交了「贊成」的意見嗎？

會，如果我當初能勇敢表達自己的意見，就不會後悔了。但當時我礙於情面，只能選擇贊成，所以現在很後悔。

——您認為在將近2千700則的公民意見書中有超過八成是「贊成」，這樣的結果是否影響了條例的制定？

是的，我認為多少會有影響。

——也就是說，您認為自己也成了幫兇……

是的，我非常認同您的說法。

雖然我的問題有點過於尖銳，但這位女性之所以願意接受採訪，正是因為對自己當初的行為感到非常自責。經歷這件事後，她開始認真思考條例和議會的問題。

許多政策都是在我們這些縣民不知情的情況下，被決定的，而且常常是先射箭再畫靶。等到政策已經制定了我們才被告知，這讓我感到不滿和憤怒……

條例真的是當事人的救星嗎？

在遊戲條例違憲訴訟的判決中，法院承認網路．遊戲成癮存在「治療」和「預防」的必要性，也就是所謂的「立法事實」。判決指出：「有許多人因為自身或家人有網路．遊戲成癮的症狀，而向專業機構尋求醫療協助，導致部分醫療機構不堪負荷。」

但對於那些真正需要醫療協助的當事人來說，這個條例真的是必要的嗎？為此，我將前往高松市的三光醫院進行採訪。

作為香川縣指定的成癮症核心治療機構，三光醫院致力於酒精、藥物、賭博等成癮症的治療。2018年起，開設了針對網路．遊戲成癮的「兒童門診」，每週六上午提供除了醫生診療的服務外，還會舉辦當事人間的交流及家長講座等。目前約有50名左右、以初高中生為主的患者，不定期到院接受治療。

我以分組訪談的形式採訪了幾位到前來接受治療的高中生、大學生，以及他們的母親。訪談時，我會先和孩子們聊聊，然後再找時間，和他們的母親談談。以下，我將分享其中兩對親子，以及一位母親的故事。為保護當事人隱私，以下所有姓名皆為化名。

現年17歲的高二學生水田亮，在小學六年級時因為和導師的關係有些緊張，開始逃避上學。母親美紀說：「他可能覺得學校那種『大家都要一樣』的氛圍，讓他喘不過氣吧。」一升上國中後，亮還是沒辦法適應學校生活，把大部分的時間都花在玩遊戲上，有時一天可以玩超過10個小時。亮回憶道：「當時我真的不知道還能做什麼。」

亮決定要到三光醫院接受治療的契機，是「高額課金」。他為了購買線上射擊遊戲《要塞英雄》的遊戲幣，擅自用父母的信用卡刷了70萬日圓。雖然事後向消費者服務中心申訴，成功追回了部分款項，但亮卻表示自己在課金時根本沒有意識到花了多少錢。

我當時真的什麼都沒想，完全停不下來。看到帳單的時候，我才意識到事情大條了。那張帳單現在還掛在家裡，用來警惕我，不，應該說是提醒我吧。

另一位是大學一年級的原和真（19歲），他從高中時就開始沉迷於遊戲。沒考上理想高中的和真只能選擇私立高中，因為上課時用平板電腦玩遊戲被老師責罵，後來發展到徹夜玩遊戲，導致隔天爬不起來。母親麻美子說：

因為遊戲已經影響到他的日常生活和學校生活了，所以我沒收了他的平板電腦和智慧型手機，結果他一氣之下竟在家裡亂砸東西，還跟我大吵一架。我真的不知道該怎麼辦，才帶他來醫院接受治療。

後來，在高一下，和真轉學到一所可以線上學習的高中。由於線上學習只需要按時繳交作業，不用每天到學校上課，這導致和真的作息日夜顛倒，經常早上五點才睡覺，傍晚才起床。嚴重時整天都在玩遊戲，再用一整天的時間睡覺。和真如此回憶：

我那時候可能只是想逃避壓力吧。玩遊戲的時候，確實很開心，但我並不是真的覺得遊戲有多好玩，只是想藉此逃避現實。所以，當我的生活和精神狀況比較穩定時，玩遊戲的時間就減少了。

水田亮和原和真，這兩個孩子的共通點是——他們之所以沉迷於遊戲，並不是因為遊戲好玩，而是在現實生活中遭遇了挫折，才會躲進遊戲世界尋求慰藉。三光醫院的海野順院長指出：

當孩子在生活中遭遇挫折時，玩遊戲就成了他們逃避現實、取得慰藉的方式。當情況一直持續時，遊戲就會在佔據越來越重要的地位，越來越難以逃離遊戲回到現實的生活中。

另一位是大學二年級的岡本優太（20歲），他也是因為和高中導師發生衝突才開始玩遊戲，最後甚至不去上學的。母親佳代難過地回憶起當時為了沒收優太的遊戲機，和他發生爭吵的場景：

我把他的任天堂DS硬生生地折斷了，就這樣在他面前折斷。

——優太當時有什麼反應？

他說他想死，然後就跑到陽台去了。當時吵得很兇，我心裡想的是：「你要死就去死吧！」雖然沒有真的說出口，但我每天都過得很痛苦。看到他這樣，我真的不知道該怎麼辦。

現在回想起來，佳代才發現就算當時沒收了遊戲機，也沒用。

我以為只要他沒辦法玩遊戲就會乖乖去上學，所以才會一直怪罪到遊戲上，完全沒有想過為什麼他會沉迷於遊戲。他說：『只有在玩遊戲時，我才可以什麼都不用想。』原來，我一直都沒有發現他的問題，也無法幫助他，反而是遊戲填補了我的不足，給了他慰藉。

那麼，這些正在經歷網路或遊戲成癮之苦的孩子和家長們，對於香川縣的遊戲條例又有什麼看法呢？岡本佳代提到，條例將建立家庭規範歸類為「監護人的義務」。

這個條例根本是在為難家長，而不是在幫助孩子。如果我們真的做得到，就不會落到今天這種地步了。就算真的只能玩60分鐘或90分鐘，但接下來呢？我們難道要一直陪在孩子身邊，幫他們安排其他活動嗎？這個條例根本沒有考慮到家長的難處，只會讓我們感到壓力。制定條例的人根本不瞭解網路・遊戲成癮的可怕，他們只是覺得孩子會沉迷於遊戲只是因為缺乏意志力。所以才會訂出60分鐘、90分鐘，這種沒有意義的限制。

之前，兒子為了課金花了近70萬日圓的水田美紀也認為——要求家長負起約束孩子的責任，這根本是強人所難。

如果真的要強制執行這個條例，我們也只能做好和孩子大吵一架的心理準備了。

水田亮也坦承之前曾因為沒收遊戲機、Wi-Fi斷線和父母大吵一架，甚至還亂砸東西。聽到遊戲條例的內容時，在兒童門診接受治療的國中生和高中生們都覺得很荒謬。

那時流行用「1香川」「2香川」來表示玩了幾個小時的遊戲。因為在香川縣只能玩1小時，所以就把1小時當作「1香川」，像是我今天玩了5香川之類的。雖然條例並沒有強制力，但如果父母拿它來限制我玩遊戲，那我也只能乖乖聽話，但真的很煩。所以我非常反對這個條例。

原和真在條例通過時，剛好18歲，屬於條例規範的對象。

條例通過了，但我們家的情況並沒有因此而改善。不是說希望能提升學生的學業成績，還特地製作了遊戲時間和學習成績的圖表。但我們這些人的問題並不是成績不好，而是作息日夜顛倒。

透過這次在三光醫院的訪談，我深刻體會到這個號稱要「防治網路．遊戲成癮」的條例，根本沒有幫助到那些身陷困境的孩子和家長們。不僅如此，條例中強調「從嬰兒時期開始，家長就應該多花時間陪伴孩子，建立良好的親子關係」，這樣的說法反而讓家長產生巨大的壓力和自責感。

水田亮在國中時曾經一天玩超過10小時的遊戲，但進入高中、環境改變後，現在減少到2～3小時。加入一個遊戲程式設計的社群，開始設定目標，並表示：「我已經可以和遊戲和平共處了。」原和真在向父母坦承「不想上學，想轉學」的想法後，親子關係也改善了許多。雖然他現在一個人在外縣市上大學，還是會因為作息不規律而無法準時起床，但已經開始為自己設定目標，例如：順利畢業、打工賺錢等等。雖然這兩個孩子在接受採訪時，都表現得很開朗，但他們也不忘提醒我：

比我們更嚴重的人，根本不可能來這裡（醫院）。

「推動計畫」無疾而終？

根據香川縣教育委員會在2021年度，針對「智慧型手機等設備的使用情況」所做的調查顯示，縣內有5.5%的國中生，4.4%的高中生，有網路或遊戲成癮的傾向，需要多加注意。

但當我向香川縣的身心障礙福利課詢問目前縣內有多少人因網路・遊戲成癮而住院或到醫院接受治療時，他們卻表示沒有相關的統計數據。因為縣教育委員會是以問卷方式在縣內的幾所學校進行抽樣調查的，那些已經無法正常上學的孩子自然統計不到。

幾位接受採訪的家長希望政府能增設諮詢機構。有幾位家長還透露，在找到三光醫院前，也曾到其他精神科醫院尋求幫助，結果卻得到醫生：「只要別讓他玩遊戲就好了。」的敷衍答覆。

值得關注的是遊戲條例規定了縣政府應該增設醫療院所，及諮詢輔導機構，並據此舉辦醫護人員的培訓，及每月一次的家長講座。海野院長認為，這個條例的意義在於呼籲大眾一起關注網路．遊戲成癮的問題，並促進相關機構的合作。

> 條例中共出現了13次「合作」這個詞。過去，家長因為孩子沉迷於網路和遊戲而感到困擾，但卻不知道該向誰求助。去學校諮詢，學校說：「網路和遊戲的使用是家庭問題」；去小兒科，醫生說：「這個我不太清楚。」；去精神科，醫生說：「我們這裡沒辦法治療。」但遊戲條例的通過讓家庭、學校、醫療機構和政府得以攜手合作，共同解決問題，這是非常值得肯定的。

然而，海野院長話鋒一轉：

> 可惜的是，輿論過度聚焦在「一天只能玩60分鐘，或90分鐘」的限制上，以及立法過程中產生的爭議，實在很遺憾。

海野院長還透露，原本預計由專家和相關人士組成委員會制定出「推動計畫」，但最後卻不了了之。以酒精和賭博成癮為例，根據《酒精健康危害防治基本法》和《賭博成癮防治基本法》，香川縣成立了由精神科醫生、官員、警方和相關團體組成委員會，制定出具有目標值的「推動計畫」。其中，《第二期香川縣酒精健康危害防治推動計畫》（2022～2026）更明定了計畫目標，例如：

- 將低酗酒風險人群比例（2026年前，男性：12．4％以下；女性：6.4％以下）
- 派遣衛生所人員參加國家舉辦的成癮防治諮詢人員培訓課程（2026年前，10人）

該計畫不僅訂定了具體的「數據目標」，更明確指出，將依據防治成效，至少每五年檢討一次計畫。

海野院長指出，如果沒有制定出像防治酒精、賭博成癮那樣的「推動計畫」並確實執行，遊戲條例最後只會淪為「空談」。

我原本以為縣政府會理所當然地制定推動計畫，而且他們一開始似乎也打算這麼做。我記得他們好像說過，如果要成立委員會會邀請我加入。結果，什麼也沒有。如果當初能在條例中加入「確實制定推動計畫，並每年檢討」等條文，應該就能提升條例的執行力。

雖然目前還不清楚縣政府當初是否真的打算制定「推動計畫」，但在遊戲條例中原本就定有「條例實施兩年後，將進行檢討」，但卻因為缺乏具體的計畫和數據目標，而無疾而終。縣政府所推行的各種措施究竟有沒有達到預期的效果？這些效果又該如何評估？至今仍無人知曉。

遊戲條例帶來的影響

2023年4月，遊戲條例已正式施行滿三年了。我從未想過，自己會如此長時間地追蹤報導同一個條例。我是在條例即將通過前，才開始深入採訪報導此事的。我經常感到後悔，認為應該更早揭露這個議題才對，也更加堅定「絕不能讓這種不透明的立法程序再次上演」的信念。

其中，最讓我無法接受的就是關於意見徵集的爭議。姑且不論是誰在背後操縱「灌水」，縣議會不僅公佈了贊成和反對的數量，更無視大多數反對意見，將其視為「誤解」。甚至有審查委員在接受採訪時表示「不記得意見徵集是什麼時候進行的」。縣議會和議會事務局無視意見徵集制度「廣納民意」的初衷，反而利用「多數決」的方式壓制反對意見。

然而，事情並未就此落幕。條例通過後，仍有許多人持續表達不滿，這也成為我持續追蹤報導的動力。

2021年8月，在「日本科幻大會」上，有一場探討遊戲條例立法過程的座談會。其中一位與談人是熟悉遊戲開發的東京國際工科專門學校講師山根信二，他在會上的發言，令我印象深刻。

> 香川縣的案例並非個案。未來，其他地方政府也可能制定出類似的條例。香川縣的案例之所以受到重視，是因為許多專家學者勇敢發聲、媒體積極報導，才讓大眾關注到這個議題。當初如果沒有人願意站出來，後果將不堪設想。希望我們能記取這次教訓，避免類似事件再次發生。

取得條例草案並將其公開在網路上，引發討論的「內容文化研究會」成員杉野直也，在2022年12月，於YouTube上傳了一部名為「遊戲條例現況 2022」的影片，呼籲大眾持續關注遊戲條例的執行情況。

原本對政治漠不關心的IT工程師岸本充裕，在看到遊戲條例將網路和遊戲妖魔化後十分憤怒，便向縣議會提交請願書，要求徹查條例的立法過程，並加入要求返還律師費用的居民訴訟，成為原告之一。他認為對地方自治的冷漠，是促成遊戲條例通過的原因。並持續在Twitter等社群媒體上發表意見。

媒體經常將複雜的議題簡化成「贊成」和「反對」。然而，透過採訪那些對遊戲條例提出質疑的人後發現，他們並非一味地反對遊戲條例，而是認真思考該如何與網路和遊戲和平共處。

由電腦娛樂協會（CESA）、日本線上遊戲協會（JOGA）、行動內容論壇（MCF）和日本電競聯盟（JeSU）等四大團體，委託外部專家針對遊戲成癮問題進行科學化研究，希望能找出有效的解決方案。成立了由心理學、精神醫學、教育學和腦科學等領域專家組成的「遊戲成癮調查研究會」。2021年，針對全國10～59歲的民眾進行大規模調查，並於2022年10月，發表期中報告。報告指出約有2％的中小學生，以及不到1％的全體受訪者，有遊戲成癮的疑慮。比例雖然不高，但也不容忽視，必須採取相應措施。報告也提醒，不應過度擴張「遊戲成癮」的概念，而忽略其帶來的傷害和痛苦。未來，研究團隊將針對同一批受訪者，進行長期的追蹤調查以釐清「長時間玩遊戲是否會導致遊戲成癮」以及「遊戲成癮是否會導致長時間玩遊戲」的因果關係。

相較於民間、學界和業界的積極行動，身為全日本第一個制定網路・遊戲成癮防治條例的地方政府，香川縣政府卻拿不出任何成果。他們沒有積極對外宣傳，也沒有展現出要成為全國表率的決心，實在令人感到遺憾。

我認為這是因為對於這個由縣議會提案的條例，縣政府始終抱持著敬而遠之的態度。我相信每位公務員都是盡心盡力執行著自己的工作，但在這樣的情況下他們很難有所作為。另一方面，縣議會雖然是提案單位，但在條例通過後卻明顯地熱情不再。當初投票支持遊戲條例的議員甚至公開對我表示「希望我不要再提這個了」。在２０２２年度預算審查會議上，竟沒有議員對網路・遊戲成癮防治的增額預算提出質詢，這就是最好的證明。理論上，縣議會應該想辦法讓這個好不容易通過的條例發揮最大的效益才對，但現在看來他們似乎只想當作一切都沒有發生過的樣子。

第四章中提到的音效工程師岩本翔，在２０２１年1月以遊戲相關產業從業人員的身份，寄了電子郵件到縣議會，表達他對遊戲條例的意見。在長達21頁的意見書中，針對條例的各項條文提出質疑，但卻沒有得到任何回應。他在回覆我的採訪邀請時，在信末寫下這段滿是諷刺意味的感想：

（縣議會）對於我提出的質疑完全沒有正面回應，只是以「多數贊成」將我的意見視為「無關緊要的一票」，而且，票數顯然已被操縱了。由此可見，條例一開始就不是為了要解決問題，只是政客們為了達成「制定條例」的目的，而做的政治遊戲。

那麼，我的「目標」又是什麼呢？雖然有些人會將我貼上「反對遊戲條例的記者」的標籤，但我並不是希望這個條例被廢除，或被修改。採訪中我接觸到許多因為網路．遊戲成癮而感到痛苦的人，以及那些致力於幫助他們的人。我希望香川縣這個因為遊戲條例而成為全國焦點的地方，能夠成為推動網路．遊戲成癮防治工作的先驅。

此外，媒體也必須扮演好監督政府的角色。必須持續關注遊戲條例的立法過程，以及條例通過後的執行情況，避免政府濫權或是做出錯誤的決策。

2020年度，香川縣政府製作了「網路．遊戲成癮防治學習單」，發放給縣內的中小學生。其中有張說明過度遊戲會導致腦部萎縮的腦部圖片引發了專家的質疑。在我的報導曝光後，2021年度，發放給高中生的「高中版」學習單便刪除了這張圖片。此外，原本將遊戲成癮稱為「世界衛生組織認證的國際疾病」，也在2021年3月，縣教育委員會發放給教師的防治手冊中，改為世界衛生組織將遊戲成癮列為「物質使用及成癮行為導致的疾病」中的一種，這樣更為精準的描述。雖然縣政府從未公開承認錯誤，但我相信只要我們持續揭露問題就能促使政府做出改變。

最後，我想引用我在製作關於遊戲條例的兩部專題報導時所說的一段話，做為本文的結語：

條例的通過並不是終點，而是一個新的開始。

我會持續關注，並報導相關議題。

後記

截至2023年3月，在瀨戶內海放送（KSB）的官方網站上，關於遊戲條例以及香川縣網路．遊戲成癮防治對策的新聞和專題報導已多達74篇。再加上兩部專題報導，過去三年多來的相關報導總時數已超過四小時。就連我都覺得自己很囉嗦。在我持續追蹤報導此事的這段期間，其他媒體的記者都因為人事異動或職務調動，不再關注這個議題了。在這種情況下，我們公司願意讓我長期追蹤同一議題讓我感到十分慶幸。

我盡可能地露面採訪，並在報導中保留我在採訪現場提問的畫面，讓觀眾看到我的臉。這麼做是為了效仿報紙的署名文章，明確表明我的記者身份，並為報導內容負責。此外，持續報導也能吸引更多人關注，帶來更多新的線索。

許多人在我採訪他們之前就已經是Twitter上的推友了，例如：協助我分析意見徵集內容的齋藤長行，以及「京都意見徵集推廣協會」的成員們。此外，遊戲製作人米光一成，以及岩本翔，也都在之前就已經開始追蹤我的Twitter了。遊戲條例的相關報導之所以會受到關注，社群媒體的推波助瀾功不可沒。許多人透過社群媒體分享相關新聞，讓這個議題從香川縣擴散到全日本。也有許多人告訴我「他們有在關注我的報導」。

媒體經常會一窩蜂地報導熱門話題，熱度退去後就轉移目標，這讓我感到十分不解。我一直秉持著「勇敢說出不合理的事」的信念，持續追蹤，即使這樣的堅持常讓我感到孤獨。但正因如此，來自網路和現實生活中的鼓勵成為我持續下去的最大動力。

之所以會想寫這本書是因為在採訪過程中，發現有許多內容因為節目時間的限制難以呈現。而且，每天的新聞報導都只是片段的資訊，很難讓觀眾瞭解整個事件的全貌。隨著時間的流逝相關報導越來越少，最終還是會被大眾淡忘。我希望能透過書籍的形式完整記錄整件事情的始末。

我的編輯淺野貴夫非常支持我的想法，他認為遊戲條例的立法過程不僅輕視科學和證據，更踐踏了民主制度。這不只是地方議會和政府的失職，更反映出當今日本，甚至是全世界在政治上的腐敗。在他的協助下，這本書不再只是電視節目的文字版，而是加入了許多我重新採訪、深入挖掘的內容。在繁忙的工作之餘還要寫書真的很辛苦，但我樂在其中。此外，能夠和我的偶像──黑田清，一樣出版自己的著作，更讓我感到無比光榮。

感謝所有幫助我完成這本書的人。

未來，我將繼續製作電視紀錄片，並撰寫非虛構類書籍。希望能透過我的雙重視角帶領讀者一起探討社會議題。

2023年3月

山下洋平

事件年表

2019

1月6日　《四國新聞》開始連載專題「不能忽視的『遊戲成癮』」
3月8日　香川縣議會成立「網路．遊戲成癮防治對策議員聯盟」
4月7日　香川縣議會議員選舉
30日　大山一郎議員，就任香川縣議會議長
5月25日　世界衛生組織通過《國際疾病分類第11版（ICD-11）》，列入「遊戲成癮」
9月19日　香川縣議會成立「條例審查委員會」，並召開第一次委員會會議
10月17日　召開第二次委員會會議，邀請專家學者，進行意見交流
11月28日　召開第三次委員會會議，提出條例草案
12月12日　召開第四次委員會會議，邀請香川縣內相關團體，進行意見交流

2020

1月10日　召開第五次委員會會議，提出條例草案
20日　召開第六次委員會會議，修改條例草案
23日～2月6日　針對條例草案，進行意見徵集
2月6日　日本政府召開第一次「遊戲成癮防治對策相關人士聯絡會議」
3月12日　召開第七次委員會會議，公佈意見徵集結果，對條例草案進行表決

4月18日 「網路・遊戲成癮防治條例」在縣議會通過
4月1日 「網路・遊戲成癮防治條例」，正式施行
13日 透過資訊公開請求，取得意見徵集的原始文件
27日 縣議會三個政黨派系要求檢驗條例的制定過程
30日 議會議長，大山一郎辭職
5月25日 香川縣律師公會發表會長聲明，要求廢除遊戲條例
9月30日 一名高中生和他的母親以遊戲條例違憲為由提起訴訟
12月22日 違憲訴訟　在高松地方法院進行第一次口頭辯論

2021

3月15日 懷疑意見徵集存在造假，向高松北警察署提交刑事告發狀
26日 日本政府召開第二次「遊戲成癮防治對策相關人士聯絡會議」
7月10日 高松市商店街舉辦「Sanuki X Game」活動
8月5日 針對違憲訴訟的律師費用提出居民監察請求
9月28日 縣監察委員駁回居民監察請求
10月16日 針對律師費用提起居民訴訟
12月14日 縣議會駁回徹查遊戲條例立法過程的請願案
21日 參議院議員山田太郎等人成立「遊戲成癮學習會」

2022

1月1日　《國際疾病分類第11版》正式生效

5月16日　違憲訴訟　進行第七次口頭辯論　法院駁回原告撤銷告訴的請求，宣佈結案

8月7～11日　香川縣舉辦「無網路・遊戲夏令營」

30日　違憲訴訟　高松地方法院做出「合憲」判決，駁回原告的訴訟請求

11月1日　違憲訴訟　高松地方法院判決確定

2023

1月26日　要求返還律師費用的居民訴訟判決　駁回原告的訴訟請求

資料

香川縣網路・遊戲成癮防治條例（全文）

網際網路及電腦遊戲的過度使用，不僅會導致孩童學業能力與體能的下降，亦可能引發社交退縮、睡眠障礙、視力受損等生理問題。世界衛生組織已正式將「遊戲障礙」認定為疾病，足見其已成為全球範圍內的重要社會問題。

尤其是即賭博性較高的線上遊戲，由於缺乏明確終點，使孩童更易沉迷其中。孩童的大腦發展尚未成熟，控制能力較成年人薄弱，一旦深陷遊戲成癮境地往往與成年人的藥物成癮症狀相似，難以自拔。

針對此問題，國家應與其他成癮問題的防治對策同步，儘速推動法規制定與完善醫療體系。然而，地方政府亦應負起責任，積極培育能夠提供適切醫療支援的人才，並建立專業的培訓機制及專家派遣等支援措施。

此外，在孩童網路・遊戲成癮防治方面，應從嬰幼兒時期開始，透過穩固的親子信任關係，確保孩童能在愛與關懷的環境中成長，使其獲得安全感與自我肯定的能力。同時，社會也應積極參與、支持孩童在成長階段勇於挑戰各種新事物、拓展生活體驗的廣度與深度，以有效預防遊戲成癮問題。

為了推動上述對策，保護本縣孩童及全體縣民免受網路．遊戲成癮的危害，特制定本條例。

目的

第一條　本條例旨在推動網路．遊戲成癮防治措施，確立基本原則，明確縣、市町、學校、監護人等相關責任，並規範相關施策的基本事項，以綜合且有計劃地推動防治對策，促進未來世代孩童的健康成長，並確保縣民能夠在健全的社會環境中生活。

定義

第二條　本條例中的相關術語定義如下：

1. **網路．遊戲成癮**　指因過度沉迷於網際網路或電腦遊戲，導致日常生活或社會生活受到影響之狀態。
2. **網路．遊戲**　網際網路及電腦遊戲。
3. **線上遊戲**　指透過網際網路等通訊網絡進行之電腦遊戲。

4. **孩童** 未滿十八歲之個人。

5. **學校等** 《學校教育法》（昭和22年法律第26號）第一條所規定之學校（不含大學）、《兒童福利法》（昭和22年法律第164號）第三十九條第一項所規定之保育所，以及《促進提供學前兒童綜合教育及保育之法律》（平成18年法律第77號）第二條第六項所規定之認定兒童園。

6. **智慧型手機等** 指可透過網際網路查閱（含觀看）資訊之智慧型手機、個人電腦及電腦遊戲設備。

7. **監護人** 指行使親權之人、未成年監護人或與此相當之人。

基本理念

第三條 網路．遊戲成癮防治應基於以下基本理念實施：

1. 依據網路．遊戲成癮發生、進展及復發的不同階段，採取適當預防措施，並提供必要支援，以協助受影響者及其家庭恢復正常生活與社會生活。

2. 防治措施應充分考量網路．遊戲成癮與睡眠障礙、社交退縮、注意力下降等問題之關聯性，確保相關政策的協調推動。

3. 防治對策應涵蓋預防、治療及復發防止等各階段，並透過縣、市町、學校、監護人及相關從業者之相互合作，建立全社會共同參與之體系。

縣府的責任

第四條　縣政府應基於前條所述的基本理念，全面推動網路．遊戲成癮的對策工作。

2. 為支援市町（市區與鄉鎮）所推行的相關政策，縣政府應提供資訊、技術建議及其他必要的協助。

3. 為防止縣民陷入網路．遊戲成癮，縣政府應與市町、學校等單位合作，推廣並提升社會對於「從嬰幼兒時期開始建立孩童與監護人之間的情感連結」重要性的認識。

4. 為防止孩童陷入網路．遊戲成癮，縣政府應加強親子對於「戶外運動與遊戲等活動的重要性」的理解，並推動健康與體能發展。此外，縣政府應與市町合作，確保孩童擁有安全的活動空間，並促進多元的體驗活動及與社區居民的交流。

學校等的責任

第五條　學校等教育機構應依據基本理念，與家長等監護人密切合作，使孩童在校園生活中養成必要的規律，促進其自主性發展，並確保身心能夠均衡成長。

2. 教導學生建立必要之校園紀律及生活規範，培養其獨立性與身心均衡發展。
3. 提升學生與監護人對網路及電子遊戲適當使用規範之理解，並推動相關教育及宣導。
4. 針對智慧型手機等設備之校內使用，應與監護人合作進行適當指導。
5. 配合縣及市町推動網路及電子遊戲成癮防治措施。

監護人的責任

第六條　監護人應認知其對防止孩童陷入網路及電子遊戲成癮負有首要責任。

2. 監護人應在孩童年幼時，多花時間陪伴孩童，給予孩童安全感，建立穩定的親子關係，並與學校等單位合作，避免孩童網路．遊戲成癮。
3. 監護人應適當掌握孩童使用智慧型手機等電子設備的情況，並透過過濾軟體（指根據《青少年能夠安全使用網際網路環境整備法》（平成20年法律第79號）第2條第9

項規定的青少年有害資訊過濾軟體）或其他適當方式，負責管理子女的網路．遊戲使用行為。

網路．遊戲成癮防治相關工作人員的責任

第七條　從事醫療、保健、福利、教育等網路．遊戲成癮防治相關工作人員，應配合縣府或市町村推行的網路．遊戲成癮對策，為預防網路．遊戲成癮（包括預防、惡化和復發）貢獻心力。

與中央政府的合作

第八條　縣政府應與中央政府密切合作，共同推動網路．遊戲成癮對策。此外，當縣政府認為有必要時，應向中央政府提出要求，參照其他成癮防治措施，完善相關法規、強化醫療提供體系，並根據網路．遊戲成癮的危險因素，制定並實施適切的預防對策。

2. 縣政府應要求中央政府在推動電子競技（eSports）產業發展時，審慎評估其對孩童可能造成的網路．遊戲成癮風險，並採取必要的應對措施。

3. 為保護縣民免於網路・遊戲成癮，縣政府應向中央政府建議，推廣從嬰幼兒時期開始建立穩定的親子關係與情感連結的重要性，並要求提供相關支援及必要的政策措施。

縣民的角色

第九條　縣民應增進對網路・遊戲成癮問題的關注與理解，並注意相關預防措施，積極防範此類成癮現象的發生。

2. 縣民應認識到社會整體在支持孩童健康成長方面所扮演的重要角色，並配合縣政府及市町（市區與鄉鎮）所推行的相關政策。

市町的角色

第十條　市町應與縣政府、學校、監護人及從事網路・遊戲成癮防治相關工作的機構或人員密切合作，共同推動網路・遊戲成癮對策的實施。

業者的責任

第十一條　從事提供網路資訊瀏覽（包含視聽內容）、電腦遊戲軟體開發、製造、提供等相關事業的業者，在經營活動時，應考量縣民的網路．遊戲成癮預防需求，並配合縣政府及市町（市區與鄉鎮）推行的相關防治措施。

2. 前述業者在經營活動時，應盡力進行自律規範，以避免提供可能嚴重刺激性慾、過度助長暴力傾向，或利用射倖性高的線上遊戲課金系統加深成癮風險等內容，導致兒童福祉受到侵害。此外，業者應採取必要的防治措施，以防止縣民陷入網路．遊戲成癮。

3. 特定電信服務提供者（依據《特定電信服務提供者的損害賠償責任限制及發信者資訊揭露相關法律》（平成13年法律第137號）第2條第3項所定義的業者）及從事終端設備銷售或租賃的業者，在經營業務時，應透過過濾軟體（Filtering Software）或其他適當方式，落實必要的防治措施，防止縣民陷入網路．遊戲成癮。

推廣正確知識

第十二條　縣政府應蒐集必要資訊，以預防縣民陷入網路．遊戲成癮，並推動正確認識網路．遊戲相關內容，例如線上遊戲的課金系統等。此外，縣政府應進行相關宣導活動與成癮防治教育，提高社會對此議題的理解。

推動預防措施

第十三條　縣政府應與市町（市區與鄉鎮）、學校、監護人及從事網路・遊戲成癮防治相關工作的機構或人員合作，制定必要政策，以增進縣民對網路・遊戲成癮的認識，並推動相關預防教育。

完善醫療體系

第十四條　縣政府應採取必要措施，完善醫療服務體系，確保網路・遊戲成癮者能夠根據自身狀況獲得適當的醫療照護。

諮詢輔導

第十五條　縣政府應推動相關措施，為網路・遊戲成癮者及其家人提供諮詢與支援。

培育專業人才

第十六條　縣政府應推動相關政策，確保從事醫療、保健、社會福利、教育等與網路・

遊戲成癮防治相關工作的專業人員，具備充分的專業知識，並致力於人才培育及專業素質的提升。

建立合作體系

第十七條　為確保第12條至前條各項政策能夠有效推行，縣政府應推動必要措施，促進市町、學校、監護人及相關專業機構之間的協作體系，使各方能夠相互合作，共同推動網路・遊戲成癮防治對策。

孩童使用智慧型手機等設備的家庭規則制定

第十八條　監護人在讓孩童使用智慧型手機等設備時，應考量孩童的年齡及各家庭的實際情況，並與孩童討論使用這些設備可能帶來的風險及過度使用的弊害，進而制定適當的使用規則，並適時進行調整與檢討。

2. 監護人在訂立上述使用規則時，應確保孩童擁有足夠的睡眠時間，培養規律的生活習慣。為防止孩童陷入網路・遊戲成癮，應參考以下標準來管理使用時間：

- 電腦遊戲使用時間：每日上限為60分鐘（假日為90分鐘）。
- 智慧型手機等設備的使用（不含與家人聯絡及學習相關的查詢）：

＊義務教育階段的孩童最晚應於晚上9點停止使用。

＊其他未成年孩童最晚應於晚上10點停止使用。

- 監護人應努力確保孩童遵守上述規則。

3. 若監護人察覺孩童可能有網路．遊戲成癮的風險，應立即向學校或從事網路．遊戲成癮防治工作的相關機構諮詢，並積極採取措施，以防止孩童陷入成癮狀態。

財政措施

第十九條　縣政府應為推動網路．遊戲成癮防治對策，致力於提供必要的財政支援。

現況調查

第二十條　為有效推動孩童網路．遊戲成癮的防治對策，本條例施行後，前三年內，每年針對本縣的網路・遊戲成癮現況進行調查；其後，調查頻率調整為每兩年一次。

附則

施行日期

1. 本條例自 令和2年（2020年）4月1日起施行。

檢討

2. 本條例的各項規定應在施行滿兩年後進行檢討，評估其執行狀況。如有必要，應根據檢討結果進行適當的修正與補充。

引用・参考文献

『日本eスポーツ白書２０２２』（一般社団法人日本eスポーツ連合、２０２２年）
『厚生労働』２０１９年５月号（日本医療企画）
井出草平『井出草平の研究ノート』https://ides.hatenablog.com
岡田尊司『インターネット・ゲーム依存症――ネトゲからスマホまで』（文藝春秋、２０１４年）
筧誠一郎『続・eスポーツ地方創生――新たな展開を見せ拡大し続けるムーブメントの未来』（白夜書房、２０２１年）
ダニエル・キング、ポール・デルファブロ『ゲーム障害――ゲーム依存の理解と治療・予防』（樋口進監訳、成田啓行訳、福村出版、２０２０年）
小島寛明「小島寛明の『規制とテクノロジー』第60回　香川ゲーム条例ふたつの問題」『ＡＳＣＩＩ倶楽部』（２０２０年２月４日）https://ascii.jp/limit/group/ida/elem/000/004/001/4001619/
参議院法制局『法律の［窓］』https://houseikyoku.sangiin.go.jp/column/index.htm
じーくどらむす（岩本翔）「本気でゲーム依存に向き合う」『ｎｏｔｅ』（２０２０年１月17日）https://note.com/geekdrums/n/n77ee7055edf5
じーくどらむす、ニカイドウレンジ、ミズハラユキ「イカはいつナワバリ争いをやめるのか？　インク中毒に陥ったヒトたちの緊急鼎談」『ゲームデザインの魔導書02　ゲーティア』（geekdrums、２０１６年）

篠原菊紀『「はげひげ（菊仙人）」の脳的メモ』https://kikusennin.seesaa.net/
杉野直也「香川県ネット・ゲーム依存症対策条例の問題点」『ＳＹＮＯＤＯＳ』（２０２０年１月27日）https://synodos.jp/opinion/society/23267/
高橋利幸「テレビゲームとともに～高橋名人の25年～」『テレビゲームのちょっといいおはなし４』（社団法人コンピュターエンターテイメント協会、２００７年）
高橋名人「１時間規制について思う事」『高橋名人オフィシャルブログ　16連射のつぶやき』（２０２０年１月22日）https://ameblo.jp/meijin16shot/entry-12568833519.html
ナナトエリ、亀山聡『ゲーマーズ×ダンジョン――僕はゲーム依存じゃない（１）』（小学館、２０２２年）
ねとらぼ「〝ゲーム規制条例〟を香川県内の学生はどう思うか　反対の署名活動を行う高校生『ゲーム好きとしては、自分の将来は自分で決める』」『ねとらぼ』（２０２０年３月４日）https://nlab.itmedia.co.jp/nl/articles/2003/03/news069.html
花田照久、八木眞佐彦監修『ゲーム依存からわが子を守る本――正しい理解と予防・克服の方法』（大和出版、２０１９年）
樋口進『スマホゲーム依存症』（内外出版社、２０１７年）
セリア・ホデント『はじめて学ぶ　ビデオゲームの心理学――脳のはたらきとユーザー体験（ＵＸ）』（山根信二監訳、成田啓行訳、福村出版、２０２２年）
マンガ論争編集部「第2特集：引いたら終わり!?　マンガ・アニメ・ゲームの自由!!　香川県で、何が起きたのか?」『マンガ論争23』（永山薫事務所・福本義裕事務所、２０２０年）

森昭雄『ゲーム脳の恐怖』(NHK出版、2002年)
山田太郎『「表現の自由」の闘い方』(星海社、2022年)
吉川徹『ゲーム・ネットの世界から離れられない子どもたち——子どもが社会から孤立しないために』(合同出版、2020年)
米光一成「『香川県ゲーム規制条例』は、数の暴力によるゴリ押しで進んだ悪夢だ」『QJWeb』(2020年4月8日) https://qjweb.jp/journal/14470/
そのほか四国新聞、朝日新聞、毎日新聞、日経新聞、読売新聞、産経新聞、中日新聞、ねとらぼ、ITmedia、ABEMA TIMES、AERA dot.、弁護士ドットコムニュース、Game*Spark、電ファミニコゲーマーの記事を参照した。

●作者簡介

山下洋平

KSB瀨戶內海播報記者。1979年生於香川縣，東京大學文學部畢業後，加入廣播電視台，從事新聞採訪和紀錄片製作。

曾因調查報導高知縣發生的白色摩托車與校車相撞死亡事故，而獲2014年銀河獎（由日本放送批評懇談會主辦）報導活動頭等獎。此外，他也負責策劃、取材《檢證遊戲條例》報導，該報導於2021年獲日本民間放送聯盟獎的電視報導節目部門優秀獎。其著作包括《あの時、バスは止まっていた》（SB Creative）。

60分鐘的界線

從地方法規《遊戲條例》揭開民主黑幕

出　　版／楓書坊文化出版社
地　　址／新北市板橋區信義路163巷3號10樓
郵 政 劃 撥／19907596　楓書坊文化出版社
網　　址／www.maplebook.com.tw
電　　話／02-2957-6096
傳　　真／02-2957-6435
作　　者／山下洋平
翻　　譯／陳良才
責 任 編 輯／陳鴻銘
港 澳 經 銷／泛華發行代理有限公司
定　　價／400元
出 版 日 期／2025年5月

國家圖書館出版品預行編目資料

60分鐘的界線：從地方法規<<遊戲條例>>揭開民主黑幕 / 山下洋平作；陳良才譯. -- 初版. -- 新北市：楓書坊文化出版社, 2025.05　面；　公分

ISBN 978-626-7548-88-2（平裝）

1. 立法行為 2. 程序民主 3. 新聞媒體
4. 網路沈迷 5. 日本

572.6　　114003805